El amor
no tiene por qué
doler

Dr. Ernesto Lammoglia

El amor no tiene por qué doler

Cómo reconocer una relación destructiva

Grijalbo

EL AMOR NO TIENE POR QUÉ DOLER

© 2003, Ernesto Lammoglia

D.R. © 2003, por EDITORIAL GRIJALBO, S.A. DE C.V.
    (Grijalbo Mondadori)
    Av. Homero núm. 544,
    Col. Chapultepec Morales, C.P. 11570
    Miguel Hidalgo, México, D.F.

www.randomhousemondadori.com.mx

ISBN 970-05-1576-1

IMPRESO EN MÉXICO

ÍNDICE

INTRODUCCIÓN

Quizás en el momento en que leas esto, no puedas siquiera imaginar que los hombres y mujeres de mi generación (nacidos entre 1940 y 1950) nunca fuimos adolescentes. Te preguntarás el porqué y la respuesta es muy sencilla: el concepto "adolescencia" existió a partir de mediados de la década de 1960 y aparece, por primera vez, como un intento de sociólogos citadinos en Inglaterra para denominar la conducta de los jóvenes.

No recuerdo haber recibido jamás algún calificativo como tal para mí ni para otros. Hasta esa época, los individuos que habíamos rebasado los doce o trece años de edad comenzábamos a ser adultos. Como ya habrás observado, ésa es la edad de los ritos de iniciación a la adultez de muchas culturas a lo largo de toda la historia universal y, esos ritos de iniciación que tú no viviste, eran el punto de partida para que el niño empezara a ser adulto.

Pero a ese periodo después de la niñez se le llamó, hasta hace algunos años, pubertad, por lo que mis contemporáneos —y quizás ahora tus abuelos o tus padres si son mayores— pasaron de la niñez a la adultez en un lapso imperceptible en el cual no había grandes diferencias, atención, ni cambios sustanciales que constituyeran una preocupación familiar, paterna o social. Incluso te reto a buscar libros de medicina o sobre la conducta de épocas anteriores a la que acabo de mencionarte y te sorprenderá no hallar algo escrito sobre la adolescencia.

Biológicamente, los niños después de nacer pasan por el periodo de lactancia, la primera infancia y lo que todavía llamamos el periodo escolar primario, que se termina alrededor de los doce o trece años. Después, se enfrentan a los cambios que la naturaleza les proporciona por medio del desarrollo de los órganos sexuales, entre ellos la aparición del vello púbico, y precisamente de la palabra *pubis* proviene el término médico *pubertad*. Algunas personas con conocimientos sobre la biología o la reproducción, o incluso estudiantes de medicina, ya sabían hace cincuenta años que de niño se pasaba a puberto y de puberto a adulto joven. No existió durante siglos ese periodo que tú vives el día de hoy, que tanto trabajo cuesta entender y que denominan adolescencia.

Es curioso, ¿verdad? Miles de generaciones de muchachos como tú jamás sufrieron la persecución, ni preocuparon a nadie con sus cambios emocionales, sexuales o de conducta. Era simple y sencillamente un paso más, un paso deseado o anhelado para ser adulto; incluso, en las ceremonias de iniciación, tanto para las mujeres como para los varones jóvenes el permiso oficial del grupo, clan o de la sociedad para ser adulto puede enunciarse de la siguiente manera: "A partir de ahora eres responsable, puedes casarte y puedes cazar. También puedes hacer uso de tu sexualidad porque ya eres fértil, pero eso implica que eres capaz de hacerte cargo de tu vida".

Entonces, la época de la juventud no aparentaba ser un castigo o la entrada a una zona desconocida o a un lugar ignoto en el que existían muchos peligros y no pocos placeres. Los padres ya habían vivido esa transición entre la niñez y la adultez, y como fueron padres siendo jóvenes adultos contemplaban a sus hijos, a partir de la iniciación, como seres en quien confiar y en quien derivar o delegar responsabilidades.

El joven adulto era alguien a quien se envidiaba por ser más joven, tener más vigor, más intereses, más capacidad y mucho más placer. Si se era hombre, se estaba en la plenitud del vigor viril y sexual, y si se era mujer se encontraba en la plenitud de su belleza, atractivo y su capacidad fértil. Todo parecía ser envidiable o añorable en la pubertad. Por eso nos empezó a llamar mucho la atención a quienes empezábamos a ser profesionales de la medicina y después de la ciencia de la conducta, que se comenzara a hablar de problemas de los jóvenes, de cómo algunos padres enfrentaban dificultades para comprender el paso de los hijos de niños a jóvenes adultos.

Te puedo asegurar que yo llegué a los 18 años sin tener la menor idea del porqué de la inquietud de los padres por descifrar el misterio de la adolescencia, pues era un periodo natural y en consecuencia no tenía nada que ver con la experiencia de vida de los que eran adultos. A mí jamás me preocupó ni me ocupé en imaginar que mis padres pudiesen estar pendientes de mis cambios. Creo que, en mi caso, más bien asumieron la misma cálida indiferencia que para muchas otras cosas que viví.

Si acaso había preocupación, era entre otros jóvenes iguales que yo, que se hacían cientos de preguntas sin respuesta, consistentes en cuestionamientos que la angustia existencial hace que surjan en nuestras mentes como: quién soy, para qué estoy aquí, cuál es el sentido de la vida, por qué nací, qué es Dios, cuál es el futuro, qué es el mundo, qué es la sociedad, qué es la vida, qué es la muerte; preguntas sin fin que, por supuesto, compartimos con otros tan ignorantes o tan inquisitivos como yo. Aprendí después de muchos años que unirse a un grupo de contemporáneos es una necesidad de muchos seres vivos, el llamado sentimiento gregario: la tendencia natural que tenemos a agruparnos por clase, familia, orden, *filum* y *subfilum*.

Tenía que estar con mis pares, aquellos que eran iguales que yo, con las mismas carencias y con las mismas virtudes. El instinto gregario es una de las primeras manifestaciones en el comportamiento de los jóvenes, por lo que es necesario para su seguridad e identidad compartir con otros sus dudas, experiencias, carencias y búsqueda de placer.

Con los años también aprendí que en esa época estábamos preocupados por los cambios que sentíamos dentro y fuera de nosotros, que ese temor junto con la dudas o esa inconsistencia en lo que veíamos, pensábamos, sentíamos o hacíamos nos llevaba a tener un sentimiento constante de inestabilidad, y que eso era precisamente una característica de los jóvenes que buscábamos una identidad tanto de grupo como personal. Todavía nos tocó acostumbrarnos, como parte de la identidad de grupo, a ser clasificados como buenos o malos siguiendo la idea de la dicotomía entre el bien y el mal, entre lo que debía ser y no debía ser, entre lo que estaba bien o mal hecho, entre el deber ser y no ser.

Asimismo, buscábamos con afán nuestro lugar en el mundo. Aún en mi época teníamos en la búsqueda de nuestra identidad como mexicanos una gran tarea; hurgábamos en la historia, en la cultura, en busca de nuestros gustos, aficiones o tradiciones para sentirnos muy bien, como en mi caso, de ser veracruzano, de haber nacido en una ciudad que fue cuna del movimiento obrero en México y, además, orgulloso de ser mexicano, de vivir en el "cuerno de la abundancia" y en un lugar en el que creí entonces que todo lo que se hacía estaba bien. "Lo hecho en México está bien hecho", fue para nosotros un lema y éramos parte de él.

En esa búsqueda había quien quería ser el más fuerte, el más malo, el más estudioso o el mejor cantante o nadador, o el primero que tuviera novia o que experimentara una relación sexual, el que hubiera leído más libros, el que se sabía más arias de ópera, más canciones de Jorge Negrete, el que había empezado a leer la novela mexicana contemporánea.

Esta búsqueda de identidad fue muy placentera, nos enseñó a descubrirnos y a descubrir el lugar que teníamos en el mundo. En aquella época no viajábamos, no había esa posibilidad, y la mayor parte de los jóvenes mexicanos conocimos el mundo por medio de los libros. No había televisión porque, si bien dicen que la televisión comercial se inicia en 1951, la realidad es que en la provincia surgió muchos años después. La primera vez que vi una televisión fue cuando tenía catorce años, durante un viaje a la Ciudad de México, el día en que sepultaron a Jorge Negrete. En dos de las esquinas del Palacio de Bellas Artes estaban sendos aparatos de televisión que transmitían el evento.

Cuando era pequeño sólo había un aparato de radio en casa de mi abuela, quien escuchaba el programa "El monje loco", el de Carlos Lacroix y muchísimas canciones de Cri-Cri. Había una estación a la que le decían la "W" donde había una hora en la que cantaba Agustín Lara.

Para mí, los medios de comunicación se concretaban a eso y a que mi papá, quien fue un asiduo comprador del periódico *Excélsior* por muchos años, leyera las noticias de sociales y, de vez en cuando, se informara de cómo había quedado su equipo favorito. La comunicación se daba más bien de joven a joven, de grupo a grupo y nos fuimos definiendo, en ese sentido, como parte de una sociedad que, aunque parecía no estarlo, estuvo mejor comunicada que la actual, a pesar de tener a su alcance los medios que le permiten saber en segundos lo que acontece en el resto del mundo o en alguna parte del universo.

El despertar sexual acompañó esas épocas y se convirtió para muchos en lo que hoy llaman obsesión y que para nosotros se llamó "amores de juventud". Nos gustaban todas las mujeres bonitas, o que creíamos que lo eran, porque los patrones acerca de la belleza femenina se fundamentaban en varias cosas muy curiosas; por ejemplo, había quienes se enamoraban de Aleta, la eterna esposa del Príncipe Valiente, que *Excélsior* reproducía en sus tiras cómicas cada domingo. Otros se imaginaban a la Bella Durmiente, a la hermana del amigo o a la prima del primo. Yo estaba enamorado platónicamente de dos ángeles custodios con sendas lámparas que estaban a los lados del altar mayor en la parroquia de San Miguel Arcángel en Orizaba. Tenían cara de mujer, a pesar de que los ángeles no tienen sexo, y eran tan bonitos que yo me le declaré a una niña que se les parecía. Se llamaba Norma y, según yo, era la adecuada porque creía que las letras de Norma y amor significaban lo mismo. Quizá por eso mis símbolos sexuales eran Sor Juana y Sor Santa Francisca, cuyo retrato está en la sacristía de Santa Rosa de Viterbo, en Querétaro. La otra joven de la cual pensé estar enamorado alrededor de los diez años se llamaba Angelina Otero, quizá porque también tenía nombre de ángel. Era la primera rubia mestiza que se había cruzado en mi vida en una población eminentemente indígena; ella era como un bonito lunar.

Mis modelos del erotismo se concretaban a eso. Eran angelicales, puros, distantes y les confieso que nunca pude cruzar palabra con Norma. Mi gran vinculación con ella fue porque me atropelló una vez con su bicicleta en la alameda. Me quedé boquiabierto viéndola, y ella se sorprendió de la cara de estúpido que puse y se fue. La segunda vez que se dirigió a mí fue dos o tres años después, cuando me enseñó la lengua, molesta, seguramente, con mi mirada, pero no pasó nada más.

En las peluquerías aparecieron revistas que traían imágenes que llamábamos "exóticas" (fotos de bailarinas de cabaret que, por cierto, se llamaban igualito que las niñas bien de hoy: Viviana, Tamara, Sonia, Lorena, todos eran nombres que en ese entonces curiosamente sólo usaban las prostitutas y hoy, entre Paolas, Ana Paolas, Fernandas, Ximenas y otras más, constituyen el acervo más interesante de los nombres no tradicionales en México de las niñas bien). En esa época, esas revistas nos ayudaban como estimulante sexual, aunque no lo necesitábamos.

Aprendimos y descubrimos la sexualidad por medio de nuestras competencias de masturbación y, a veces, viendo quién alcanzaba más allá de la rayita cuando eyaculábamos precozmente. Miles de jóvenes creíamos que el más "chingón" era el que "se venía" más rápido y después tuvimos que desaprenderlo para poder cumplir con nuestra pareja cuando fuimos adultos porque, en la adultez, el que se tarda más es el mejor.

Esas paradojas las vivimos de manera muy sencilla, de ninguna manera era angustioso, por lo menos dentro de mi pandilla; nos gustaba la ópera, estábamos en el equipo de natación, leíamos compulsivamente y cada uno de nosotros tocábamos uno, dos o tres instrumentos musicales porque no había radio y el que quería música tocaba la guitarra, el piano o algún otro instrumento.

Jugábamos a los títeres y los titiriteros éramos nosotros. Hacíamos representaciones teatrales. Yo alguna vez quise ser como Don Juan Tenorio y no me tocó más que el papel de "maldito"; lo mismo que mis hermanos, éramos aquellos que no aparecían en escena y que solamente hacíamos ruido detrás de bambalinas. Pero ser "maldito" era también muy importante, porque uno no quería ser el bruto del grupo, y como yo era tímido en lo social, el que tocaba el piano para que bailaran los demás, trataba de aparentar ser el malo. En la casa era un santo y en la escuela era terrible, pues ahí debía mantener mi prestigio.

A veces los hombres tienen como gran meta el disfrazarse de lo que sea poniéndose una careta, mintiéndose a sí mismos y tratando de engañar a los demás, pareciendo siempre lo que no son en el interior. Así, el niño tímido, que se convirtió en un joven todavía más tímido, apareció siempre frente a los demás como el líder, como el fuerte y como el audaz. Recuerda siempre que los audaces acaban mal. Todos los héroes están muertos porque cometieron de jóvenes un acto heroico que fue simplemente una respuesta al miedo, al pánico que obliga a algunos a jugarse la vida actuando sin pensar.

Los jóvenes de aquel entonces no teníamos posibilidad de que nuestros padres nos dieran un automóvil, la mayoría teníamos un par de patines o, a lo mucho, una bicicleta. Lo que nos llamaba la atención se encontraba en los alrededores: nacimientos de agua, pirámides, cuevas que explorábamos, no había nada más. De drogas no sabíamos nada, excepto de la marihuana, porque escuchábamos la canción de la cucaracha. Los homosexuales eran un "garbanzo de a libra". Nuestros personajes eran los de las novelas de Salgari y los tratábamos de imitar. Nuestro conocimiento del mundo salía de los libros.

A los once años yo cursaba la secundaria y mis compañeros eran hijos de obreros. Había obtenido una beca de sesenta pesos al mes y ahí estuve hasta los quince años. Esas escuelas técnicas fueron fundadas por don Francisco Bassols en 1933, tenían una ideología que sostenía los valores de un México revolucionario y fomentaban una conciencia nacionalista, con una tendencia a la militarización, como las escuelas federales; por eso es que ahora tenemos principios y valores tan rígidos que quizás ustedes, los jóvenes de hoy, nunca podrán entender. Había una característica de solemnidad cuando hablábamos de México, del estudio, de la Revolución o del movimiento obrero o campesino.

Cuando llegué a la Ciudad de México, a los quince años de edad, me habían echado de la casa por haber sido expulsado de la escuela debido a que ensucié las paredes en una guerra con huevos y pitahayas. Así que llegué primero a trabajar y después me puse a estudiar, con la idea de que había sido sancionado por mi conducta y que eso era razón suficiente para que mi papá me "invitara" a dejar la casa, como él dijo: "hasta que yo llevara algo para comer".

Conseguí trabajo en lo que después sería la fábrica de Dina, en Ciudad Sahagún, Hidalgo. Más tarde, cuando me permitieron seguir estudiando, quise aprovechar la oportunidad.

Mis padres no imaginaban siquiera que una generación después habría algo extraño que llamarían adolescencia y donde habría que cuidar que en los jóvenes no sobreviniera la angustia, la soledad, las carencias, las preocupaciones, la falta de escuela y, mucho menos, que se alejasen de la casa paterna para pasar "las de Caín" en una casa de asistencia, en un internado, en un cuarto de azotea o donde tuvieran a bien darles alojamiento, comida y sustento. Lo que sucedía a nuestro alrededor era considerado simplemente como parte del proceso de llegar a ser adultos.

Ansiábamos llegar a los 18 años porque nos iban a dar una cartilla que nos permitiría entrar a los cabarets de segunda o de tercera y aprender a bailar con las ficheras de entonces, quienes cobraban 25 o 50 centavos por baile. La cartilla nos parecía la clave para entrar a la cueva de Ali-Babá. Además, aspirábamos también a obtener la cartilla militar para ser más mexicanos, más responsables y llegar a ser hombres. Yo sé que te reirás de todo esto, pero te juro que fue la meta de mi juventud. Al ser ciudadanos ya nos podíamos casar y, en el caso de los hombres, ya podíamos votar (la mujer pudo hacerlo a partir de 1951).

Terminé mi carrera de medicina y después la especialidad en ciencias de la conducta —psiquiatría— y descubrí que ahora es muy grave el problema de los jóvenes. Terminé mi especialidad a los treinta años de edad y estoy sorprendido de cuánto ha cambiado la visión de los jóvenes en los últimos quince años, pues en mi generación fuimos jóvenes adultos, nunca adolescentes.

Durante los cursos que complementaron mi residencia obligatoria para ser psiquiatra me topé con el término *adolescencia*, me sentí muy ignorante y me interesé por el tema precisamente por desconocido. Por coincidencia, me encontré con un familiar político que me ayudó a ingresar en la residencia y, con autorización del entonces director de Salud Mental de la Secretaría de Salubridad, don Guillermo Calderón Narváez, hice mi último año como especialista en el Tribunal para Menores con el director, don Gilberto Bolaños Cacho, que fue mi segundo padre. Ahí comencé a acumular experiencia en el trato de menores con problemas de tipo legal. Se le llamaba menor a todo aquel que tuviera menos de 18 años, porque el artículo 18 constitucional de los Estados Unidos Mexicanos señala que los menores de 18 años que cometen delitos que les son imputables no son responsables de nada de lo que hagan, así sea un delito mayor, porque carecen de juicio y discernimiento para saber la verdadera naturaleza y responsabilidad de sus actos. Imagínate, la Constitución y las leyes de la mayor parte de los estados de la República Mexicana consideraban a los jóvenes de 18 años como tarados, incapaces, inútiles, que no sabían que eran responsables incluso de cometer un homicidio.

Ese menosprecio por los jóvenes, que todavía está plasmado en la Constitución con el fin de ayudarlos, originó la creación de instituciones para criminales menores, las correccionales y las escuelas de tratamiento especial, pues había que ayudar a los jóvenes con problemas y con relaciones destructivas para que se rehabilitaran. ¿Por qué?, porque no estaban habilitados para vivir socialmente, porque no eran capaces de asumir su adultez o de pensar, decidir o discernir. ¿Qué te parece esa obsolescencia?

Ahí tuve que llegar a aprender lo que era la salud de los jóvenes, quince años después de que yo lo fui. Cuando tenía 29 años me convertí en jefe de la Sección Médica y Psicológica de los tribunales para menores de la Secretaría de Salud. Imagínate lo que es que llegara un ignorante. Y a pesar de que parece una paradoja, eso me permitió tener la humildad obligada suficiente y eficiente para sentarme por años a escuchar a jóvenes que me transmitieron su experiencia destructiva, obstructiva e improductiva acerca de una parte de sus vidas que fueron dedicadas a tratar de salirse de las reglas o normas sociales. Tuve que aprender lo que era un joven escuchando a los jóvenes que eran víctimas o vivían una enfermedad social, asocial o parasocial.

Cuando años después me invitó a colaborar el secretario de Gobernación, de quien era asesor, porque decía que yo era un experto en adolescentes, le contesté que "muchas gracias pero no", ya que un experto debe saber qué no hacer y yo lo ignoraba. Tuvieron que pasar todavía muchos años de seguir escuchando para aprender las formas del comportamiento de lo que llamaban adolescencia porque yo no la viví, no la conocí, no la estudié y no la sufrí. Fue hasta que mis hijos empezaban a ser jóvenes cuando tuve la necesidad de observar muchas otras cosas en muchachos sanos, para aprender no solamente de la enfermedad, sino también de la adolescencia.

Ahora estoy en la edad de ser casi abuelo y me encuentro con jóvenes con los que trato en mi casa el día de hoy y que constituyen un misterio insondable para mí. Ya no son como yo fui a los quince años, ni como los que traté entre los treinta y los 45 años, ni como los hijos con los que aprendí y ahora son adultos. Lo que sé es que tienen autoridad, poder de comunicación, autosuficiencia y capacidad de discernimiento infinitamente superiores a lo que yo imaginé. Por eso, hoy tengo que tratar de aprender por qué son como son, para qué, a dónde van, qué quieren y por qué.

Tengo que aprender contigo de nueva cuenta en este ciclo de mi vida qué es lo que esperas, no de mí ni de tus padres, sino de ti, qué quieres del mundo y encontrar juntos un sentido de la vida, y si tu vida se ha sentido destruida u obstruida por algo que no logras entender.

Hagas lo que hagas, digas lo que digas y se llame como se llame, aunque no sea de tu gusto, estás empezando a ser adulto. La adolescencia puede significar lo que quieras, ya escucharás o leerás algunos consejos, pero tú no adoleces de nada. Todas tus capacidades están ahí, nada más es cuestión de que las desarrolles y tienes dos caminos: hacerlo a través de un proceso destructivo o de uno constructivo.

¿Qué es lo que quieres? La decisión es tuya. Tal vez tu carga genética influya, quizá tu educación familiar o tu cultura, tu hábitat, tu estatus o tu condición social, pero, al final de cuentas, las decisiones las tomas tú.

¿Cómo son los adolescentes de hoy? ¿Qué es lo que viven de productivo o qué los destruye? Son preguntas que tú responderás mejor que yo.

Yo estoy sentado, escribiendo con un solo objetivo: volver a aprender. Porque cuando se fue joven como yo, se puede seguir siendo joven a los sesenta y tantos años; y a veces, como me dijo mi maestro Gilberto Bolaños Cacho, cuando yo tenía treinta y él 72 años: "Ernesto, yo soy más joven que usted porque todos los días me pregunto algo y usted ya cree saberlo todo".

Ustedes que lo saben todo traten de leer esto, agréguenle todos los espacios que quieran a estas palabras, a estos conceptos, aprendan y enséñennos a los viejos jóvenes —como yo— todo lo que quieran enseñarnos. Lo grave sería que un joven, un adolescente como te llamas a ti mismo, no tuviera nada que aportar, y cuando un joven no le aporta nada a un viejo, ni es joven ni es nada.

1. ¿QUÉ ES UNA RELACIÓN DE ABUSO?

Cualquier relación que cause dolor a una de las partes es destructiva, sin importar cuánto cariño parezca haber. Nadie merece ser maltratado; para lo único que sirve una relación que te causa dolor es para mostrarte aquello que no deseas en tu vida.

El abuso incluye cualquier daño que no puede ser explicado razonablemente. No hay diferencia entre abuso y agresión; ambas acciones son violentas; cuando hablamos de relaciones destructivas, de abuso o de maltrato estamos hablando de lo mismo. Una relación que represente una amenaza para tu integridad física o tu estabilidad emocional es anormal, enferma.

Las relaciones destructivas son más comunes de lo que imaginamos; se dan en todos los niveles socioeconómicos y culturales. Es un error pensar que sólo entre los pobres o los ignorantes hay agresividad. Sin importar dónde naciste ni la educación que hayas recibido, puedes estar en medio de una relación de abuso. Entre las personas con las que tratas puede haber una o varias que sean violentas, o tal vez tú mismo lo seas en ocasiones sin saber por qué.

Cuando uno es joven y se entera de las tremendas golpizas que muchos hombres les dan a sus mujeres o viceversa, se cree que a uno nunca le va a suceder. Sin embargo, todos estos adultos que practican la violencia cotidiana en sus hogares, tanto los golpeadores como sus víctimas, también fueron jóvenes y pensaron lo mismo. Pero la violencia no empezó cuando se convirtieron en adultos: inició mucho antes, de manera sutil, en situaciones que tal vez pasaron inadvertidas.

Muchos jóvenes agresivos han crecido en familias que viven como perros y gatos; algunos fueron víctimas directas y otros sólo presenciaron la violencia entre sus padres. Otros se criaron en un hogar sano y, simplemente, de pronto se descubrieron como víctimas o agresores en sus relaciones con los demás. Si bien una vida familiar poco apacible puede hacer que un niño aprenda la violencia como forma de relacionarse, también es cierto que una persona violenta puede surgir de un hogar armonioso. El dinero y el poder de la familia, la escuela a la que se asista o un apellido rimbombante no garantizan que la persona sea pacífica: aun el individuo más amable puede sorprendernos repentinamente con un arranque de cólera desmedida. Presa de la ira, pierde totalmente el control y ni él mismo comprende qué le sucedió. Por lo general, en estos casos se da una alteración en la química cerebral, la cual, además de provocar el estallido, hace que la persona se desconecte afectivamente. Todo joven que presente estos arranques de actitud violenta requiere ayuda psiquiátrica, al igual que cualquiera que se enganche en una relación con una persona agresiva.

Lo más peligroso de una relación destructiva es permanecer en ella. La reacción de una persona sana ante la primera señal de violencia es retirarse. Quien no lo hace y continúa creyendo que no volverá a suceder, tiene un problema y requiere ayuda.

SIEMPRE SE NECESITAN DOS

En cualquier relación, es importante reconocer el abuso. Éste puede darse entre familiares, amigos, novios, en la escuela por algún maestro o hasta en el trabajo. Para una relación destructiva se necesitan dos: el que abusa y el que se deja; las dos actitudes son anormales. Y no necesariamente debe haber golpes; cuando alguien domina a otro y éste se somete, se trata de una relación enferma, que con el tiempo se irá volviendo cada vez más peligrosa.

No existe una relación destructiva en la que uno de los dos esté completamente sano. Para que la agresión se vuelva cotidiana se requiere de dos enfermos emocionales que jueguen su papel; el caos no se detiene hasta que uno de los involucrados simplemente deja de jugar. Estar inmerso en una relación de abuso es como jugar un partido de tenis: si uno de ellos deja de contestar los tiros, el otro termina por cansarse e irse a buscar a otro contrincante.

El gran error de muchos es pensar que el problema es sólo de quien ejerce la violencia. Pero la víctima, aquel o aquella que la tolera, está enferma también y requiere ayuda. Más vale darse cuenta del conflicto cuando se es joven y no esperar a que la vida se convierta en un infierno.

Toda relación de abuso debe tomarse muy en serio; el reconocimiento de que hay un problema es el primer gran paso para resolverlo; el segundo es saber y aceptar que es uno mismo quien tiene el problema, y el tercero es hacer algo al respecto.

Si bien la víctima tiene más posibilidades de cambiar y dar los pasos necesarios para salir de una relación destructiva, la persona que abusa también puede recuperarse siempre y cuando reconozca que el problema que padece está fuera de su control.

En nuestra sociedad son muchas las decisiones importantes que debe tomar un joven: ha de elegir la profesión a la que se dedicará toda su vida, al igual que el tipo de personas con las que va a relacionarse. Cuando un enfermo emocional se relaciona con otro de la misma condición, siempre hay problemas. Puede escapar de la relación, pero si no resuelve su propio problema de personalidad se encontrará con otro enfermo y la historia se repetirá.

Después de varios noviazgos, Roberta, una joven de 19 años, afirma: "Yo tengo muy mala suerte; siempre me tocan borrachos o golpeadores". No es cuestión de buena o mala suerte si le "tocan" este tipo de individuos. No se trata de una rifa, es ella quien los elige.

Las personas violentas no utilizan su agresión como carta de presentación. Nadie dice: "Hola, soy Beto y tengo mal carácter; cuando me enojo le parto la cara a quien esté junto a mí". O: "Mucho gusto, soy una bestia". Tampoco las víctimas están conscientes de que buscan el maltrato y, sin embargo, ambos, agresor y víctima, se encuentran.

Roberta vive ahora temerosa de relacionarse con otro golpeador. Cuando conoce a alguien que le atrae, trata de averiguar si es normal como aparenta o la va a sorprender con una golpiza o una borrachera. No se da cuenta de que es en esa atracción que ella siente donde se manifiesta su enfermedad. No necesitaría hacer investigación alguna: al estar enferma, sólo siente atracción por aquellos que seguramente van a lastimarla. El caso de Roberta ilustra muy bien lo que fue la juventud de millones de mujeres, que una vez casadas, reciben tremendas golpizas y no saben qué hacer, pues creen que esta situación se debe a su "mala suerte".

Otro error grave es pensar que sólo los tontos se dejan maltratar. Un joven muy inteligente y hasta brillante en la universidad puede ser un enfermo emocional. De pronto empieza a depender sentimentalmente de otra persona, siente que la vida se le acabaría sin ella y su vida se convierte en un caos emocional.

2. ABUSO FÍSICO Y ABUSO EMOCIONAL

"Llévame contigo aunque tenga que sentir dolor."

Muchos individuos utilizan la violencia física o enmascarada para resolver sus conflictos familiares y personales, hecho que refuerza y prolonga una cultura de violencia con la cual se aprende a convivir.

Abuso físico

Cualquier manera intencional de infligir dolor es considerada abuso físico. Las bofetadas, cinturonazos, quemaduras, cortadas, golpes, pellizcos, arañazos, mordidas, jalones de pelo, estrangulamiento, abuso sexual y toda lesión provocada con cualquier objeto son formas de violencia física.

El maltrato físico se da en gran cantidad de modalidades. Uno piensa que se ha enterado de todas las formas posibles de tortura, pero siempre surge una nueva. Golpes con todo tipo de instrumentos, quemaduras, latigazos, penetraciones vaginales con enseres domésticos, inyecciones, cortaduras e incluso machetazos. La lista es interminable y aberrante.

Aunque en muchas ocasiones la violencia física es notoria por las huellas que deja en la víctima, en la mayoría de los casos es imposible darse cuenta, porque el agresor cotidiano elige áreas del cuerpo visibles sólo si se quita la ropa.

Testimonio de una joven de catorce años

Mi madre nos golpea a mi hermana y a mí. Bueno, no siempre, sólo cuando la hacemos enojar. Es muy fácil que se altere: siempre debemos adivinar lo que quiere, si no, nos grita y nos pega con los puños. Cuando éramos más chicas, nos agarraba de las trenzas y nos arrastraba por el suelo o nos castigaba dejándonos varias horas en el patio, aunque estuviera lloviendo. Cuando hacía esto era horrible porque nos moríamos de frío.

A mi hermana le ha ido peor que a mí. Cuando tenía once años le arrancó una uña porque se la había pintado. Mi hermanita se desmayó del dolor y mi mamá la dejó ahí tirada. Después, cuando vio que le salía mucha sangre, ella la curó y la vendó. El dedo le quedó feo porque no la llevó al doctor. Siempre dice que ese dedo feo le va a recordar que debe portarse bien; que un día se lo va a agradecer.

Pero no nos pega todo el tiempo. A veces es muy linda; nos consiente y nos compra cosas bonitas, y entonces nos ponemos felices. Como no tenemos papá, no nos atrevíamos a contarle a nadie lo que nos hacía, por miedo a que nos fuera peor.

Ahora yo voy a cumplir quince años y mi hermana trece, pero parece de menos; se ve como niñita. Dice que no quiere ser grande y siempre anda muy triste y callada. Cuando la ve así, mi mamá se molesta mucho y le empieza a gritar; le echa en cara todo lo que ella hace por nosotros y que ella no se merece que le responda con esa actitud de mártir. Mi hermana se va haciendo bolita en algún rincón, mientras mi mamá continúa con los reclamos hasta que se enfurece, y entonces la agarra a patadas.

Hace unos meses se puso peor la cosa porque ella empezó a reprobar todas las materias y la suspendieron del colegio. Mi mamá se puso como fiera y la golpeó con un palo de escoba hasta dejarla como Cristo. Yo creí que la iba a matar y me asusté mucho. Como yo no sabía qué hacer, al día siguiente hablé con la maestra de mi hermana y le conté todo; le dije que fuera a mi casa ese día para que viera con sus propios ojos cómo la había dejado. Pero también le supliqué que no le dijera a mi mamá que yo le había dicho, porque entonces la iba a agarrar contra mí.

La maestra, muy abusada, se presentó con policías y otras personas, diciendo que ella sola se había dado cuenta del maltrato. A mí me llevaron a vivir con una tía y a mi hermana la trasladaron al hospital. Después, ella también se va a venir, pero mi tía ya sabe que va a necesitar ayuda psiquiátrica. A mí se me hace que mi hermana ya se volvió loca, porque dice que quiere irse con mi mamá cuando salga del hospital.

De todas las agresiones físicas de las que un niño o niña puede ser víctima, el abuso sexual es, tal vez, la más dañina, no importa si se llevó a cabo a la fuerza o por la vía de la seducción, si se alcanzó la penetración o se limitó a caricias invasoras; en cualquiera de sus modalidades es un crimen y está penado por la ley. La pornografía, el exhibicionismo, la prostitución infantil, el sexo oral, al igual que ser forzado a presenciar el acto sexual de otros, son formas de abuso sexual. Quien convence u obliga a un menor de edad a realizar cualquiera de estos actos es un delincuente que debe ser denunciado.

No es fácil denunciar un abuso sexual: hacerlo causa vergüenza, especialmente cuando uno es joven. Pero quien es víctima de este tipo de violencia debe hacer algo para acabar con esta situación. Muchos niños y jóvenes creen que todo se resolverá el día en que puedan ser independientes o cuando logren liberarse de su abusador, pero esto no es verdad; los consultorios de psiquiatras y psicólogos en todo el mundo están llenos de pacientes que, después de treinta años o más, siguen sufriendo porque no han podido superar el daño emocional y psicológico que arrastran desde la infancia.

Testimonio de una joven de 18 años

Mi hermano Antonio, el más grande y el consentido de mi mamá, siempre me echaba la culpa de todo y ella le creía. Si yo lo acusaba de algo, mi mamá me regañaba; total, que yo siempre llevaba las de perder, además de que siempre he sido miedosa.

Cuando yo tenía ocho años, él ya había cumplido quince. Un día que mis papás salieron, Toño se metió a mi cuarto y me violó. Yo estaba muy asustada y lo único que hacía era llorar. Me dolió horrible y hasta me salió sangre. Después de que lo hizo me estuvo amenazando para que no le contara a nadie. Me dijo que yo tenía la culpa porque lo provocaba, y que si mamá se enteraba me iba a echar de la casa por puta.

A partir de ese día, cada vez que mis papás salían, él lo volvía a hacer. Yo no decía nada y me aguantaba tratando de pensar en cosas bonitas. Cuando Toño veía que lloraba mucho, me amenazaba más.

Después de embarazar a su novia mi hermano se casó, y hace dos años que todos viven en mi casa. Yo pensé que teniendo mujer me iba a dejar en paz, y que eso era bueno para mí, pero no fue así. Las primeras semanas no vino, pero yo escuchaba cuando se lo hacía a ella y no me gustaba. Empecé a odiarla. No sé qué pasó conmigo: sentía como si me lo estuvieran robando. Después volvió a entrar en mi cuarto varias veces, hasta que su mujer se dio cuenta. Sin embargo, ella no decía nada. Sólo me echaba miradas de odio, hasta que un día, cuando estábamos solas, me dijo que yo era una puta y me aventó un vaso con agua.

Al cumplir los 18 fui a ver a unas monjas que venden galletas cerca de mi casa. Les dije que yo quería ser monja y entrar al convento para no volver a ver a un hombre en toda mi vida. La madre superiora habló conmigo para ver si yo tenía la vocación. Yo creo que sospechaba todo, porque me empezó a hacer preguntas hasta que yo solté el llanto y no podía hablar. Entonces me dijo: "Alguien te hizo algo, ¿verdad?" Yo sólo pude mover la cabeza para decirle que sí.

No me aceptó en el convento; dijo que yo no tenía vocación, pero yo pienso que fue porque estoy sucia; así que regresé a mi casa. Cada día odiaba más a mi cuñada y ella a mí, hasta que pasó el accidente. Fue un domingo: mi hermano salió en el carro de mi papá con su mujer y su hijo, y sólo éste quedó vivo; al niño se lo llevaron los papás de ella. Yo creo que Dios los castigó por ser tan malos. Yo lloré mucho por mi hermano;

33

era el único en mi casa que a veces me hacía caso. Lo extrañaba mucho y se me quitaron las ganas de comer.

Mi mamá, como ya no tenía hijo, se empezó a fijar en mí y decidió que necesitaba ir al psiquiatra porque me había hecho mucho daño la pérdida de mi hermano. Así fue como llegué con una psiquiatra que le recomendaron. La doctora se dio cuenta de que mi problema era más grande de lo que parecía y finalmente le conté todo. Llevo cuatro meses en la terapia; aunque me siento un poco mejor, creo que nunca me voy a casar ni nada de eso.

Ahora sé que lo que pasó fue una cochinada y que mi hermano me hizo mucho daño. Me da coraje que esté muerto y que se haya salido con la suya. Mi mamá todavía no sabe nada, pero sí se lo voy a decir. Me da miedo porque estoy segura de que no lo va a creer, y menos ahora que a mi hermano lo convirtió en santo y le pone veladoras a su fotografía.

Abuso emocional

No todos los abusos consisten en golpes u otras agresiones físicas. Igual de dañino, el abuso emocional, en la mayoría de los casos, es más difícil de identificar. Las heridas ocasionadas por abuso emocional, aunque invisibles, duelen durante mucho tiempo y dañan tu carácter. Cualquier actitud o comportamiento que interfiera con tu salud mental o tu desarrollo social es una forma de abuso. Estamos hablando de violencia disfrazada, de agresiones sutiles que, como los golpes, causan estragos.

Casi nadie habla de este tipo de violencia subterránea; no obstante, el desgaste psicológico de la víctima es devastador. Ataca la identidad de la persona, disminuyendo gradualmente su individualidad. En un intento por elevar la propia autoestima, el agresor, sin compasión ni respeto, busca rebajar al otro.

Estamos hablando de una verdadera crueldad mental; el deseo de humillar, denigrar y herir a otro está probablemente aún más difundido que el sadismo físico. El dolor psíquico puede ser tan intenso como el de los golpes o incluso mayor. Muchos padres abusan emocionalmente de sus hijos, al igual que los hombres de sus esposas o viceversa, maestros de sus alumnos, superiores de sus inferiores o un amigo del otro. Esta crueldad se emplea en cualquier situación en la que una persona no puede defenderse del agresor por encontrarse en una situación de inferioridad.

El sadismo mental puede disfrazarse de muchos modos, en apariencia inofensivos: una pregunta, un sarcasmo, una burla, una indirecta, una sonrisa o una simple observación. El agresor siempre consigue herir a su víctima, y la humillación es tanto más eficaz cuando se realiza en presencia de otros. Se trata de una manipulación perversa, de una conducta malévola capaz de destruir moral y hasta físicamente a una persona.

Este tipo de violencia puede ser muy tenue, pero siempre es constante y aniquiladora; lenta y sutilmente una persona puede hacer pedazos a otra. El agresor es un tirano que hiere sin dejar rastro; por esta razón, la víctima no tiene pruebas que pueda presentar ante un ministerio público, como en el caso de la violencia física.

A través de una frialdad no evidente, y utilizando un lenguaje no verbal que confunde tanto a la víctima haciéndola dudar de sí misma, el agresor va destruyendo lentamente la autoestima de esta persona.

Existen muchas maneras de ejercer esta violencia indirecta: acciones hostiles evidentes o no, insinuaciones u omisiones, algo que no se dice, una actitud distante o de indiferencia, falta de agradecimiento, comentarios desestabilizadores disfrazados de exceso de amabilidad o frases en las que lo más importante no son las palabras, sino el tono que se utiliza. La víctima es humillada constantemente, en detrimento de su dignidad. Su verdugo la pone en evidencia o se burla de ella en público, levanta los ojos al cielo en un gesto de desaprobación o la bombardea con indirectas y comentarios hirientes.

En las familias, los ataques velados son tan cotidianos que parecen normales. La violencia se mantiene oculta y se expresa mediante la simulación. Uno de los integrantes, el agresor, juega el papel de víctima para manipular al otro, logrando que éste se sienta culpable en cualquier situación; después, aparenta condescender, actitud que el agresor se cobrará a un precio muy alto. Un ejemplo de ello es el gran número de madres que utilizan el siguiente tipo de chantaje con sus hijos: "Si yo te importara, harías lo que te pido".

Muchas veces el agresor descalifica a su cónyuge frente a los hijos, hiriendo así a toda la familia. Cuando se ejerce contra los niños, éstos aprenden a utilizar el mismo tipo de violencia para defenderse y, probablemente, la reproducirán en la edad adulta.

La violencia subterránea desgasta a todos los miembros, destruye los lazos familiares y va aniquilando la individualidad sin que la víctima se dé cuenta.

Por parte de los padres, el abuso emocional se da cuando te gritan, te insultan, te amenazan, te chantajean, te critican, te comparan negativamente con otro o te denigran. Pero también existe la violencia por omisión, cuando los padres no logran satisfacer las necesidades básicas de la vida de un niño, como la nutrición, la educación o el afecto. Cualquier forma de abandono es violencia, y no sólo el abandono total. Muchos niños crecen más cerca de una sirvienta que de su madre, o pasan la mayor parte del día con extraños, porque sus papás están "muy ocupados". Esto también es abandono.

Testimonio de un joven de 19 años

Odio a mi padre a tal grado, que no lo puedo ni ver. Siempre ha sido cruel conmigo, pero no con golpes sino con cada una de sus palabras y con cada uno de sus gestos.

Para él, mi hermano Fidel es el perfecto, el inteligente y, por supuesto, el que más se le parece. A mí, que soy dos años más chico, nunca me ha bajado de tarado. Siempre está elogiando a Fidel y cada halago a mi hermano, viene acompañado de un comentario degradante para mí.

Pero lo que más aborrezco son sus indirectas. No me dice: "Eres un tonto porque siempre sacas bajas calificaciones", sino que comenta enfrente de mí cosas como: "Lástima que haya muchachos tarados que ni siquiera pueden con las materias de la escuela". O si viene alguien nuevo a la casa, le presenta a Fidel como su hijo "el inteligente" y a mí ni me presenta.

Cuando mi hermano terminó la prepa, le regaló un carro nuevecito y le dijo que fue un premio por haber mantenido siempre un promedio arriba de nueve. Cuando yo terminé, afirmó que un promedio de ocho no merecía ni una bicicleta.

Nunca he podido conversar con él. Cada vez que me acercaba para hacerle una pregunta, hacía un gesto de impaciencia y no me contestaba, así que dejé de intentarlo; lo nuestro es el silencio.

No sé por qué no puedo reclamarle ni decirle nada. Eso me da mucho coraje. Nada más estoy frente a él y me paralizo. A veces me paso horas repasando lo que le voy a echar en cara por todos estos años que me ha tratado como si fuera un trapo viejo y, según yo, me armo de valor y voy a buscarlo a su estudio, pero cuando llego a la puerta, ya me están temblando las piernas y no puedo ni tocar.

Lo feo es que, a veces, cuando estoy con mis cuates, sin darme cuenta, yo también lanzo indirectas al primero que la riega, y eso no me gusta. No quiero parecerme a él.

•

Ser testigo de la ira irracional en el hogar, aunque vaya dirigida a otro, hace daño a toda la familia. Hasta un bebé de meses puede percibir la tensión que existe a su alrededor.

La violencia psicológica puede manifestarse simplemente como un clima incestuoso en el que no hay una seducción directa, sino que se expresa con ciertas miradas, insinuaciones, roces o "muestras de cariño" y exhibicionismos casuales o justificados bajo argumentos de "modernidad" o "naturalidad".

Lentamente, y esto puede tomar años, el agresor que utiliza esta violencia hipócrita va desestabilizando a su víctima, quien una vez perdida la confianza en sí misma, se somete por completo al agresor. La víctima vive en un estado de estrés permanente que la bloquea y le impide reaccionar. Se cae en un círculo vicioso en el que el agresor enmascara las propias debilidades para colocarse en una posición de superioridad; cuando arremete contra su víctima, ésta reacciona con miedo, actitud que provoca, de nuevo, la ira del agresor.

Frecuentemente, el agresor hace añicos la autoestima de su víctima en la intimidad, pero finge ser formidable frente a los demás. Esta violencia no es tangible, ni deja rastros o pruebas que pueden llevarse ante un juez. En este proceso lento y devastador, la víctima cae en un estado de depresión permanente y pierde la alegría de vivir porque está siendo destruida por otro.

El agresor necesita de alguien a quien rebajar para elevar su autoestima y adquirir poder; en el fondo, su autoestima es bajísima y tiene una gran sensación de impotencia. De ahí su enorme necesidad de admiración y aprobación, que intenta satisfacer aunque sea por la fuerza. Estamos hablando de una persona perversa que no siente compasión ni respeto por nadie, pues jamás reconoce el sufrimiento que inflige. La perversión le fascina y es incapaz de considerar a los otros como seres humanos. Es un individuo enfermo, sádico y narcisista y, por consiguiente, nocivo y peligroso.

Es alguien que no acepta la responsabilidad de sus acciones perversas. Invierte los papeles y culpa a su víctima, que tendrá que cargar completamente con la responsabilidad para luego descalificarla.

El agresor se burla ante cualquier protesta del otro y la minimiza: "Te ahogas en un vaso de agua", "Ya vas a empezar con tu drama", "No hagas una tragedia de nada",

"No me vayas a hacer una escenita", "Ya quieres llorar". Convencido de que siempre tiene la razón, ridiculiza cualquier emoción expresada por el otro. La víctima suele estar tan confundida, que percibe la hostilidad pero no sabe discernir si es real o producto de su imaginación, pues duda por completo de sí misma. El agresor no hace reproches directos, sino que va soltando insinuaciones, gestos y miradas hostiles. Si el otro le pide que aclare su intención, le responde en un tono glacial con frases como: "Todo quieres tomarlo como agresión" o "Eres paranoico".

3. FAMILIA, AMIGOS, PAREJA Y OTROS

"Nos gritamos cosas, peleamos sin razón."

(Intocable)

HOGAR, ¿DULCE HOGAR?

Para las víctimas de la violencia familiar el miedo es lo cotidiano. Cuando en el hogar vive una persona violenta, la vida de los demás gira a su alrededor; el miedo a hablar o a realizar cualquier cosa que desate una agresión mayor, hace que los miembros de la familia pierdan su identidad; el agresor representa una amenaza constante para todos.

Donde existe la violencia siempre hay lesiones, aunque casi nunca sean evidentes. Invariablemente, habrá un individuo que trate de someter y controlar la voluntad de otro hasta que lo nulifique, utilizando para ello cualquier tipo de violencia. Esta situación nace de una desigualdad, de una posición de superioridad por parte del agresor y una posición vulnerable por parte de la víctima. En la dinámica de la familia violenta siempre hay alguien que gana y otro que pierde. Esta dinámica es muy difícil de quebrantar porque el maltrato es una conducta aprendida, apoyada por el contexto cultural.

La violencia familiar se da en forma cíclica y progresiva. Las mujeres e hijos de hombres violentos viven permanentemente con miedo y angustia; la comunicación entre los integrantes se vuelve cada vez más difícil, y lo que debería ser un espacio de solidaridad, apoyo mutuo y crecimiento personal se convierte en un infierno. Todos saben, aun en etapas de tranquilidad, que en cualquier momento puede producirse un episodio caótico, por lo cual nunca se sienten relajados.

En el seno familiar, se aprenden los valores y normas de comportamiento que se consideran adecuados. A medida que crece, el individuo refleja este aprendizaje en sus relaciones con la sociedad; más tarde formará su propia familia y recomenzará el ciclo.

Los problemas de violencia que cada día acosan más a nuestra sociedad no podrán ser resueltos con mayor número de cárceles y policías; la solución debe darse dentro de la familia, porque la violencia social y la violencia doméstica están íntimamente relacionadas.

Por lo general, en una familia el agresor es el padre o padrastro, que es quien tiene una posición de ventaja, no por ser superior sino porque tiene el poder económico. Sin embargo, hay casos en los que la persona a quien se teme es la madre o alguno de los hermanos.

El abuso sexual por parte del padre u otro integrante de la familia es un crimen aberrante y no debe permitirse.

Si el padre es el abusador y la madre está enterada y lo permite, ella es cómplice del delito. No hay que engañarse y creer que detrás de eso hay cariño: lo único que existe es una persona muy enferma, o dos.

Testimonio de una joven de 21 años

Yo creía que mi papá me quería mucho, que yo era su consentida. No me daba cuenta de que lo que me hacía estaba mal. Mi mamá es enfermera y a veces trabaja turnos de noche. Cuando ella no venía a dormir, mi papá me pedía que me fuera a su cama para no sentirse solito. Yo me sentía importante y accedía encantada.

Durante mucho tiempo sólo me abrazaba y me hacía algunas caricias, mientras me decía que me quería mucho. Cuando yo tenía como ocho años, las caricias aumentaron y empezó a tocarme por todas partes. Yo estaba muy confundida porque empezó a hacer cosas que no me gustaban, pero al mismo tiempo yo lo adoraba.

Mi papá me convenció de que no le contara a nadie lo que hacíamos, pues no quería que mis hermanas y mi mamá fueran a sentir celos. Me dijo que yo era lo que más quería en el mundo y que ése era nuestro secreto, así que yo no debía contarle a nadie. En sus brazos perdí la virginidad cuando todavía no cumplía nueve años. Ahora me da tanto asco pensar en eso, que me cuesta trabajo contarlo; sin embargo, quiero hacerlo para que no les pase lo mismo a otras niñas.

A los doce años, cuando empecé a tener algo de educación sexual en la escuela, me di cuenta de que eso estaba completamente mal. Entonces me quise morir y me tomé un frasco de pastillas que tenía mi mamá. La verdad, no sabía para qué eran las pastillas, pero me tuvieron que llevar al hospital y ahí fue cuando le conté todo a mi mamá.

Ella me prometió que jamás tendría que volver a verlo, y así fue. Lo corrió de la casa, y cuando regresé del hospital ya no vivía ahí.

He estado en varias terapias desde entonces, pero todavía hay momentos en los que me vuelven las ganas de suicidarme. No quiero tener novio ni salir con ningún hombre. No creo ser lesbiana porque tampoco me gustan las mujeres; sólo que no quiero relacionarme con nadie. Aunque tengo grupos de amigos, no puedo hacerme de una mejor amiga o un mejor amigo. Otro problema para mí es que me toquen; no me gusta que nadie me abrace y mucho menos que me hagan un cariño.

No es fácil que la violencia física que se da en un hogar sea percibida por los de fuera. Por un lado, el padre golpeador jamás comentará esta situación y, por el otro, el joven o la joven víctima de las agresiones guardará silencio, principalmente por vergüenza. No obstante, un amigo cercano puede sospechar el abuso cuando percibe los siguientes síntomas:

- Moretones, cortadas, quemaduras, huesos rotos. Cuando alguien muestra estos síntomas con cierta frecuencia, es probable que esté siendo maltratado, aunque afirme que son producto de un accidente.
- Signos de depresión y patrones alternados de subidas y bajadas de peso.
- Daños autoinfligidos, como dejar de comer o mencionar el suicidio. Las bromas frecuentes sobre el suicidio pueden ser un indicador.

- Dificultad para llevarse bien con los padres o con las figuras de autoridad.
- Problemas para manejar la ira.
- Bajas repentinas en las calificaciones.
- Alejamiento de amigos o cambio del tipo de amistades.
- Abandono de actividades que antes disfrutaba.
- Actitud delictiva o agresividad en la escuela.
- Promiscuidad.
- Problemas con la policía, incluyendo el robo, el vandalismo y el hábito de beber alcohol.
- Consumo de drogas y bebidas alcohólicas.
- Conducta escapista.

LOS HIJOS DEL DIVORCIO

El divorcio suele traer tranquilidad a muchos hogares en los que se vivía bajo tensión, pero también puede ser la causa de que los hijos vivan en un nuevo infierno.

Si la madre es una persona violenta, no podrá tolerar su frustración y, menos aún, sentirse rechazada. Cuando la víctima de sus agresiones, el padre, se va de la casa, ella es presa de una gran furia; su deseo de venganza es abrumador y, día con día, alimenta su odio y su resentimiento. La destrucción de quien la ha abandonado se vuelve su único objetivo en la vida; iracunda, se lanza al ataque como un tornado que arrastra de paso a sus hijos y hasta a ella misma.

En nuestro país, son miles los casos de madres que, adoptando el papel de víctima, utilizan a sus hijos para vengarse y castigar a su ex marido, sin importarles el grave daño que les provocan. Una de las técnicas más perversas es ponerlos contra el padre: la madre, después de convencerlos de que es un maldito porque los ha abandonado, les asegura que no le importan, ya que no los provee de lo suficiente; de esta manera, los hijos son víctima de un chantaje sutil pero constante.

Muchos padres divorciados utilizan a sus hijos como correo, poniéndolos entre la espada y la pared, situación que les causa un daño psicológico tremendo. Por un lado se sienten manipulados por la madre, no amados (es importante aclarar que una de las características del amor es no manipular al ser amado). Por otro lado, se les ha enseñado que quien los ama es la madre y no el padre. Pero en el fondo, como la realidad no coincide con lo aprendido, los hijos no entienden muy bien lo que es el amor, confusión que les causará problemas en sus futuras relaciones.

Un estudiante de psicología cuenta que pasó su carrera estudiando casos de *otros*, pero más adelante, cuando quiso ser psicoanalista y debió someterse él mismo a un psicoanálisis, se dio cuenta de que en realidad odiaba a su madre y vio claramente cómo ella lo había utilizado de la manera más perversa. Nunca había tenido pruebas de la *maldad* que ella le atribuía a su padre y, aunque no lo amaba, hubiera querido relacionarse con él, oportunidad que su madre le había quitado. Esto ocurrió hace cinco años y aún narra su experiencia con asombro:

> No es que ahora quiera idealizar a mi padre; es simplemente que antes las piezas no encajaban. Mi padre era un abogado muy querido; la prueba fue que, en su funeral, la capilla del

velatorio se llenó de coronas de organizaciones de obreros y campesinos a los que había ayudado. Y no eran de compromiso, porque había mucha gente que lloraba. Mi madre decía que era un tacaño, pero a mí jamás me negó nada; nos dejó una casa y me pagó las mejores universidades. Por otro lado, ella se dedicó a no hacer nada; nunca hizo un esfuerzo para lograr algo; se pasaba el tiempo rumiando su odio o envenenándome contra mi padre. Y es que realmente se trata de un veneno que todavía no he logrado sacar completamente de mis venas. El odio hacia mi padre cesó, pero aún no logro dejar de odiar a la "medusa" de mi madre.

Este tipo de chantaje puede llegar a acorralar al hijo e impedir que se independice. Madres como éstas suelen ahuyentar a cualquier prospecto de pareja que aparezca, o se enferman cuando sus hijos empiezan a hacer planes para dejar la casa.

Las madres "devoradoras" han existido siempre y su avidez es insaciable. Y es precisamente esa voracidad combinada con la ira, la que las lleva a destruir la vida de los otros y la suya propia. Debe recordarse que una persona sádica jamás deja de justificar sus acciones y no tolera la crítica, pues considera que siempre tiene la razón. Su enorme narcisismo se ve profundamente herido cuando aquel a quien dominaba tiene el valor de dejarla, momento a partir del cual esta persona dedicará su vida a saciar su sed de venganza. Pero a estas mujeres pocas veces se les ve furiosas, ya que aparentan ser normales ante los ojos de los demás; por lo general, se muestran como mártires, a fin de conseguir el control total y absoluto de su víctima, el marido. Como éste se les escapó, aprietan las cadenas de quien está cerca: sus hijos. Una madre como ésta puede ser muy cariñosa cuando el hijo se comporta como ella quiere, pero esas muestras de afecto son sólo un arma para manipularlo.

Es muy común escuchar: "Ahora que tu papá se fue, tú eres el hombre de la casa". También podemos ver a estos padres divorciados coqueteando con sus hijas quinceañeras, a quienes les llevan flores o las invitan a cenar en restaurantes costosos; o en otros casos, esperan que la hija sustituya a la madre, haciendo de ella su pareja en eventos sociales. Estos padres colocan a sus hijos en una situación intolerable, porque esperan que se inviertan los papeles y se conviertan en adultos de la noche a la mañana. ¿Quién debe cuidar a quién? Un: "Gracias a Dios que te tengo a ti" es uno de los peores chantajes. La madre ha perdido a su pareja y quiere apoderarse de la vida de su hijo.

Es difícil para un joven involucrado en esta problemática reconocer el tremendo egoísmo de su madre y aceptar que, en realidad, ella no lo ama. Este joven debe reconocer primero la situación y luego dar los pasos necesarios para dejar a su madre o al menos para no seguirle el juego. De no hacerlo así, corre el riesgo de quedar atrapado en las garras de "mami" para toda la vida, ya que probablemente los parientes y amigos de la familia se han tragado el cuento de la "madre encantadora y dulce", y se pondrán en su contra. Una madre que desea manipular la vida de su hijo es violenta y dañina, aunque sólo utilice lágrimas en lugar de gritos y golpes.

Otra actitud que desconcierta a los hijos es cuando uno de los padres trata de convertirse en su "mejor amigo".

De pronto se viste juvenil y quiere formar parte de las actividades de los jóvenes. Para los adolescentes es terrible: por un lado, el padre o la madre lo avergüenzan frente a sus amigos y, por otro, se quedan huérfanos, porque uno de sus padres dejó de serlo para convertirse en adolescente.

Todas las maneras en que la madre trata de rebajar al padre hieren profundamente al niño; la madre no parece darse cuenta de que le está quitando a su hijo a una de las dos personas más importantes en su vida. Comentarios tales como: "El infame de tu padre" o "Tu padre es un irresponsable y un borracho" torturan al hijo porque él los ama por igual a ambos, pero se ve obligado a "elegir" a uno de los dos. A medida que el juego se prolonga, crecen su ansiedad, desvalidez y confusión. Como la guerra ha sido declarada y su madre le ha enviado un mensaje del tipo: "O estás contra él o eres mi enemigo", el joven que aún quiere a su padre debe tener mucho cuidado. No podrá decir que la pasó bien con él o elogiarlo, porque el precio que tendría que pagar sería muy alto.

Si la madre percibe algún indicio de simpatía por el papá redoblará el ataque. Probablemente pasará los siguientes días o semanas enumerando los defectos, errores y pecados del padre, y mostrará la gran desdicha que les ocasionó a ella y a los niños; esta campaña iracunda terminará hasta que el niño muestre algún indicio de desprecio por "el maldito".

Hay madres que hacen de sus hijos unos espías. Los jóvenes se ven obligados a relatarles todo lo que hicieron el fin de semana con su papá, cómo es el nuevo departamento, si está limpio o es un desastre y, sobre todo, a quién vieron y cómo es. Muchos hijos, para llevar la fiesta en paz, aprenden a informar lo que su madre desea escuchar y mienten. Hablan de un fin de semana aburrido, un departamento desordenado sin comida en el refrigerador y, lo más importante, no parece haber ninguna amiga en el horizonte.

En el peor de los casos, ambos padres no han sido capaces de consumar el divorcio y la guerra se lleva a cabo desde los dos bandos. Los hijos son lanzados como granadas para dar en el blanco y, a la larga, estallan. Algunos jóvenes tratan de convertirse en "negociadores para la paz", pero esto nunca funciona. Otros, se vuelven expertos en manipular a sus padres para obtener lo que desean. Cuando actúan así, significa que su confianza básica en la capacidad de sus padres para amarlos y cuidarlos está perdida; se han dado cuenta de que el amor y el cuidado que desean sólo pueden conseguirlos por medio de manipulaciones. Los padres caen redondos en estos juegos y lo grave es que sus respuestas terminan por dañar más la autoestima del hijo. Es importante señalar que estos jóvenes aprenden un método de supervivencia que no les servirá en el mundo exterior. Cuando lleguen a la vida adulta no sabrán cómo relacionarse, asombrados de que el mundo, los amigos y la sociedad no responden a sus manipulaciones.

Testimonio de un joven de 16 años

Mi hermana y yo estábamos todavía en primaria cuando mis papás empezaron con problemas. Dejaron de dirigirse la palabra y los dos andaban de mal humor. Primero empezaron a dormir en recámaras separadas y luego mi papá se fue de la casa.

En el divorcio hicieron un arreglo muy extraño: pasaríamos todos los fines de semana y las vacaciones con mi papá, y viviríamos con mi mamá entre semana. Al principio nos divertíamos mucho con mi papá, pero después ya no. No sé cómo nos fue convenciendo de que mi mamá era la "mala", y empezamos a odiarla; cada vez que mi papá nos regresaba con ella nos pedía perdón, explicando que no podía hacer nada porque así lo había ordenado el juez. Muy pronto cambiamos nuestra actitud: no hablábamos con ella, y si nos preguntaba algo nos quedábamos callados; la tratábamos peor que a la sirvienta. Además, quien nos daba el dinero y nos compraba la ropa era mi papá. Ella no, porque él no le daba con qué.

Así vivimos como tres años, y después mi papá empezó a cambiar. Cada vez tomaba más y se fue volviendo estricto. Empezaron las prohibiciones. No podíamos ir a fiestas, al cine ni a nada que fuera divertido. Un buen día decidió que reírse no era bueno y también lo prohibió. Si íbamos con él a una boda, sólo asistíamos a la ceremonia religiosa.

Llevábamos una vida muy extraña. Cuando estábamos con mi papá siempre nos sentíamos nerviosos y asustados, y no sabíamos qué hacer porque la televisión y los aparatos de música habían desaparecido. Cuando nos tocaba con mi mamá, como no le dirigíamos la palabra, no le contábamos nada de eso ni le pedíamos que nos llevara al cine.

Fue durante unas vacaciones cuando ya no pudimos soportar a mi papá. Tomaba mucho y nos regañaba constantemente. Un día que se enojó con mi hermana le aventó un adorno de bronce, que si le hubiera dado en la cabeza la mata. Esa noche nos encerramos a platicar y decidimos que debíamos huir de ahí porque corríamos peligro. El problema es que no sabíamos a dónde ir. De pronto, mi hermana me miró y me dijo: "Tenemos una mamá, ¿no?" Entonces tomó el teléfono y le dijo: "Mamá, tienes que venir por nosotros en este momento, estamos en peligro, por favor no te tardes".

Mi mamá llegó inmediatamente. La esperábamos en la puerta, y no preguntó nada, nos subió al coche y arrancó. Hablamos toda la noche, lloramos mucho y nos pedimos perdón. Al día siguiente, desvelados y todo, fuimos con el abogado de mi mamá a ver a un juez de lo familiar, que le mandó a mi papá una prohibición para volver a vernos.

Vivir con padres que llevan una relación destructiva afecta gravemente a los hijos. Los menores presentarán dificultades escolares, alteraciones del sueño, mala interacción social (por ejemplo, agresión), depresión y ansiedad.

LA BURLA DE TODOS

Si en la escuela o el barrio hay una banda de muchachos violentos, éstos escogerán a los más tímidos para molestarlos. La agresión puede ir desde insultos verbales y burlas hasta los golpes. En realidad, lo hacen para darse importancia porque son muy inseguros; por esa razón nunca están solos: necesitan andar en manada como algunos animales para sentirse seguros. Generalmente eligen a alguien más débil y tímido, pero también pueden ser agresivos por celos o envidia.

Ser el blanco de ataque de estos grupitos no es nada fácil, en particular cuando se es tímido. Sin embargo, debemos reconocer en nosotros mismos aquellas características que nos convierten en el blanco perfecto. Lo primero que ven estos jóvenes violentos es la actitud: un joven que camina con la cabeza medio baja y cara de temor suele ser la víctima idónea. Difícilmente elegirán a un muchacho que camina con paso seguro, la cabeza en alto y sin esquivar las miradas. El segundo factor importante es la reacción ante sus agresiones; lo que buscan es precisamente una reacción de temor; lo ideal es que no haya ninguna. Lo peor es tratar de defenderse, ya que, si se está solo frente a muchos, uno lleva las de perder.

Algunos jóvenes con gran deseo de ser aceptados tratan de quedar bien con ciertos grupos de amigos. En muchas ocasiones son aparentemente aceptados, pero bajo ciertas condiciones, una de ellas es la obediencia. En su afán de pertenecer y ser uno de ellos, hacen todo lo que se les pide, incluso actos que ponen en riesgo su integridad. Puede tratarse de una "amistad" en la que un solo individuo ejerce el control sobre otro que se deja y no es capaz de negarse a sus exigencias. Aunque se digan "amigos", no se trata de una amistad, sino de relaciones de dependencia en las que uno domina al otro, destruyendo así su autoestima.

Un joven que es víctima de la violencia en su hogar, trata de ocultar el hecho aparentando que todo está bien. El problema con los amigos es que detectan que se les está ocultando algo, sienten desconfianza y se alejan.

Testimonio de un joven de 15 años

Mauricio y yo éramos cuates en el colegio. Yo quería ser como él, así que lo imitaba en todo. Me vestía igual y oía la misma música. Como a él le gustaba el futbol, pues a mí también, nos íbamos juntos al estadio o lo veíamos en tele en mi casa o en la suya. Se metió en el equipo de la escuela y me convenció de que yo también entrara. Él era quien metía los goles y se llevaba los aplausos; yo casi siempre estaba en la banca. Según yo, él era mi mejor amigo y yo de él. Pero siempre hacíamos lo que Mauricio decidía y toda la vida me mangoneaba. Lo malo es que yo no podía negarme. Además, siempre me agarraba de su "cochinito" y me hacía burla enfrente de los demás cuates. Si yo proponía estudiar en vez de ir al cine, porque estábamos en exámenes, me decía: "No manches, si te quieres hacer el *nerd* mejor me busco otro cuate".

Fue mi hermano el grande quien se dio cuenta de cómo me dejaba mangonear y habló conmigo. La verdad es que yo no sabía por qué me dejaba. Cada vez que me volvía a pasar me enojaba mucho conmigo mismo, hasta que un día le dije a Mauricio que no y me mandó a volar. Ya no me habla, pero veo que ya se consiguió a otro menso que jala con él.

La delgada línea entre el amor y el odio

> "...sólo existe este maldito amor que
> es más grande que yo."
>
> (Maná)

Una relación que se inicia como algo muy emocionante puede convertirse en una carga agotadora, temible, vergonzosa y peligrosa. Al decir "relación de pareja" me refiero a cualquier relación amorosa entre dos personas que se atraen física y emocionalmente, llámense novios, pareja, esposos o amantes, sin importar si son heterosexuales u homosexuales.

El maltrato, por más cotidiano que sea, no es normal. Cuando uno de los integrantes de la pareja se dedica a abusar emocional y/o físicamente del otro, se trata de una relación enferma.

Frecuentemente la violencia en una pareja inicia desde el noviazgo manifestándose de diversas formas, como el jaloneo, las manipulaciones y los chantajes. Más tarde, empiezan las escenas de celos, luego se pasa a los insultos y se acaba con golpes, aunque éstos suelen empezar hasta que viven juntos.

Siempre nos preguntamos por qué una mujer que ha sido maltratada por su marido durante varios años no lo deja. La razón es que las relaciones destructivas suelen ser adictivas. La víctima inventa gran cantidad de pretextos para justificar su relación, al tiempo que defiende a su victimario con su propia pasividad.

El abuso emocional en la pareja se caracteriza por una agresión constante. Algunas de sus manifestaciones son la desvalorización, negación, denigración, los insultos, infidelidades, burlas, humillaciones, desprecios, silencios hirientes, actitudes ofensivas y faltas de respeto. El abuso físico, por su parte, incluye desde empujones y apretones hasta fracturas producto de tremendas golpizas y, en algunos casos, el asesinato.

¿Por qué se dejan? Es la pregunta que todo mundo se hace. Uno no entiende por qué fulanita, tan inteligente, sigue con el antipático de su novio que siempre la pone en ridículo. La respuesta es porque *no puede dejarlo*. Y no puede porque depende emocionalmente de él, situación que nada tiene que ver con su inteligencia. Una persona con este tipo de problema tiene un pánico irracional a perder a su verdugo. Está fuera de su control y prefiere aguantar sus agresiones a terminar con él. Entonces comienza a disculparse o se hace la ilusión de que él va a cambiar cuando se resuelva tal problema o se saque la lotería. La verdad es que eso nunca sucede.

Una vez que la pasión del enamoramiento empieza a desvanecerse, la víctima, poco a poco, va cediendo en todas las demandas de su pareja y, con el tiempo, le tolera todo.

Lo interesante es que desde el principio hay señales, aunque muy sutiles, de que se está iniciando una relación peligrosa. Estas señales se dan en los dos bandos y es posible detectarlos. Es mucho más fácil salirse de esta relación al principio que años después, cuando ya el otro se transformó en una bestia y la vida se volvió un infierno.

EL ENGANCHE

El proceso que sigue una relación destructiva es lento al principio y está totalmente enmascarado. En la etapa del cortejo, todo parece muy normal: dos personas comunes y corrientes que se enamoran una de la otra. Pero no es así, se trata de dos individuos enfermos que, en lugar de enamorarse, se están enganchando. Lo más usual es que se trate de una mujer con predisposición a la dependencia y de un misógino. Una de las señales que pasan inadvertidas en la etapa del cortejo es que la futura víctima siente un intenso deseo de ayudar al otro en cualquier problema que parece tener: si vive solo, se ofrece a limpiar su departamento, o si saca malas calificaciones le hace la tarea, creyendo que con estas actitudes serviles va a cosechar la felicidad futura, cuando lo único que está haciendo es ponerse en el centro del tiro al blanco.

La atracción mutua que sienten el verdugo y la víctima, manifestación en parte de la enfermedad de ambos, es una poderosa fuerza subyacente en su relación, que los lleva a creer realmente que se están enamorando. El arrebato emocional experimentado por alguien con esta predisposición a la dependencia es de tal intensidad, que no escucha a quien trata de advertirle que se está enamorando de una persona violenta.

Generalmente, la mujer que busca seguridad, amor, confianza y credibilidad es porque carece de ellos. En el fondo, es una persona incapaz de amarse a sí misma y muy insegura, aun cuando aparente algo totalmente distinto. Por esta razón busca a alguien que posea estas cualidades en cantidades superlativas: un hombre muy seguro de sí mismo, confiado y con una autoestima muy elevada.

Por otro lado, tenemos a un hombre sin ninguna de estas cualidades y que, al aspirar a la mujer a la que al principio cree no merecer porque, curiosamente, se trata de una persona guapa e inteligente y la siente inalcanzable, empieza a aparentar precisamente todo lo que no es: ser valiente, seguro de sí mismo, rico y con gran autoestima. Tiene lugar entonces un falso cortejo, que funciona con base en las puras apariencias: las partes embonan a simple vista como, una tuerca y un tornillo. Así, surge una relación enferma, en la que una de las partes tiene una predisposición total a aceptarlo todo.

Una vez que el enganche se ha llevado a cabo y los dos creen estar enamorados, comenzarán a aparecer las agresiones. Al principio suelen ser muy sutiles: pequeñas escenas de celos o comentarios que, aunque se aparente estar bromeando, desvalorizan al otro, usando palabras como *inútil*, *tonta*, *no entiendes nada*. Frases engañosamente cariñosas, como: *Ay, mi amor, mejor no opines*, hacen que la víctima vaya perdiendo su autoestima. De esta manera, la tensión va creciendo poco a poco.

En muchas ocasiones, el joven enamora a la muchacha más guapa, aquella a la que todos voltean a ver. Una vez que son novios y ella ha empezado a ceder, él le pide o le exige que no se arregle porque no quiere que la volteen a ver. La muchacha concede sin detenerse a pensar en la contradicción: lo que a él le había gustado es lo que ahora le prohíbe.

Cuando todo parece ir muy bien y aparece la primera agresión, la víctima se paraliza, ya sea debido a la confusión causada por el maltrato de quien presumiblemente "la ama", o porque trata de justificar ese comportamiento y se reconoce culpable y, por tanto, merecedora del maltrato. Al paralizarse, está obligadamente invitando a su agresor a seguir maltratándola. Esta respuesta, lejos de ser normal, es un síntoma claro de la predisposición a la dependencia. Una persona sana manda a volar al agresor al primer ataque.

Posteriormente, el agresor trata de aislar a la víctima de sus familiares y amigos para que no tenga apoyos, y ésta hace lo que él dice, pensando que así podrá evitar el conflicto. Pero no lo logra, porque sin importar lo que haga o deje de hacer, el otro buscará la forma de empezar las discusiones. El aislamiento es el meollo del maltrato y una de las condiciones para ejercer la violencia. Este dominio va en aumento, pues el agresor pretende demostrar que el otro es de su "propiedad".

Por lo regular, la víctima mantiene todo en secreto, no dice lo que está pasando a sus amigos o familiares por vergüenza o para evitar conflictos. El agresor, por supuesto, no ejerce la violencia todo el tiempo: tiene cambios bruscos y entonces se arrepiente, pide perdón y da un trato afectuoso. Generalmente "encantador" en esa etapa, hace pensar a la víctima que todo puede cambiar. Pero no es verdad: así se arrepienta y pida perdón, irremediablemente volverá a hacerlo. Se da así un círculo llamado fase de tensión-maltrato-reconciliación. La víctima llega a confundir las agresiones con el amor y cree realmente que su agresor es sincero cuando le dice que la quiere; sin embargo, el ciclo vuelve a comenzar. A continuación se enumeran los comportamientos clásicos de una relación destructiva:

1. El agresor se adjudica el derecho de controlar la vida y la conducta de su pareja.
2. Para hacerlo feliz, la víctima renuncia a personas y actividades que eran importantes en su vida.
3. El agresor desvaloriza las opiniones, sentimientos y logros de su pareja.
4. Cuando la víctima hace algo que le disgusta al agresor, éste vocifera, manotea, amenaza o castiga con un silencio colérico.

5. La víctima, a fin de no disgustarlo, se ve obligada a tentar el terreno y ensayar lo que le diga. Vive en un miedo constante.
6. La víctima se confunde ante los bruscos cambios de su pareja que, sin manera de preverlos, van del más dulce encanto a la cólera.
7. La víctima suele sentirse perpleja, desorientada o fuera de lugar frente al otro.
8. El agresor es sumamente celoso y posesivo.
9. El agresor culpa a su pareja de todo lo que funciona mal en la relación.

Si estos comportamientos te suenan conocidos, si te identificas con ellos, es aconsejable que termines la relación cuanto antes, no importa lo terrible que parezca esta decisión, y busques ayuda. Relaciones como éstas no mejoran nunca, ni siquiera logran mantenerse en una etapa de agresión verbal: la mayoría terminan en golpes.

La alternancia entre amabilidad y maltrato mantiene viva en la víctima la esperanza de que todo cambiará. Muchas se proponen hacer que el otro cambie; creen que pueden reeducarlo y piensan que es su responsabilidad lograr que permanezca sin alterarse.

La vida cotidiana de una relación destructiva se desarrolla como un juego macabro, un intercambio de dominio y dependencia que se incrementa con el tiempo.

El peor error, cuando se ha tenido un noviazgo con maltrato, es creer que al vivir juntos se acabarán las agresiones. La verdad es que siempre aumentan, porque, una vez dado ese paso, la víctima está en cierta forma acorralada, y el agresor la tiene más a la mano. La mayoría de las víctimas se casa creyendo en sueños imposibles y expectativas que jamás se cumplen.

Las relaciones perfectas no existen; siempre habrá diferencias que conciliar, negociaciones que hacer y algunas veces uno tendrá que ceder frente al otro y viceversa. El problema se da cuando el que cede siempre es el mismo.

La víctima de una relación de abuso trata de evitar el conflicto todo el tiempo, intenta adivinar los pensamientos del otro para tenerlo tranquilo. En una relación sana, no hay que leer la mente ni adivinar los pensamientos del otro; tampoco hay que hacer intentos para cambiar su manera de pensar o actuar: se le acepta como es, o se va uno a buscar a otro lado.

Las cosas deben ser llamadas por su nombre, y una relación de abuso no tiene nada de romántica ni amorosa: simplemente, se trata de una relación de odio.

Testimonio de una joven de 19 años

Conocí a Marco en la prepa. Me clavé con él desde que nos presentaron, aunque al principio ni me pelaba. Me "pasaba" mucho porque era muy alto y casi no hablaba. Un día hicieron un sorteo para hacer una tarea de investigación en grupos de cuatro y nos tocó juntos. Primero nos dijo que él trabajaba en las tardes y que no podía reunirse con nosotros, pero que le dijéramos qué le tocaba hacer y le avisáramos. Claro, yo me ofrecí a hacerlo y cuando le di su parte afirmó que no tenía tiempo de ir a la biblioteca porque trabajaba; entonces, inmediatamente le propuse buscar yo los libros que él necesitaba, y así seguimos hasta que terminé haciendo todo su trabajo. Soy una mensa porque, al hacerlo, me sentía agradecida con él de que me dejara ayudarle. A partir de ahí, yo nada más andaba viendo qué tarea le hacía o qué se le ofrecía. La verdad es que le hacía todos sus trabajos.

Un día me dijo que quería conmigo y yo acepté sin pensarlo dos veces. Me dijo entonces que, como ya éramos novios, no quería que yo anduviera ligando con otros chavos, porque si lo hacía terminaríamos para siempre. Me acompañaba hasta mi casa después de la escuela y en la tarde me llamaba dos o tres veces desde su chamba y luego cuando llegaba a su casa. A mí me encantaba que lo hiciera, porque sentía que me quería mucho.

Una mañana llegó a la escuela muy serio. Cuando le pregunté cómo estaba, contestó con un "hum" y se fue al salón. Yo sentí mucho miedo y me pasé todas las clases sufriendo, tratando de entender lo que le pasaba. No sabía si lo había ofendido o si a lo mejor ya quería terminar conmigo. Ese día no me acompañó a mi casa ni me llamó del trabajo. Casi no dormí; sentía pánico de perderlo. Al día siguiente, me fui temprano a la escuela y lo esperé a la entrada para hablar con él. Le pregunté qué le pasaba, cuál era el problema, pero no me respondió. "Si quieres hablar, vamos a otro lado", me dijo. Para mí era importante no faltar a clases, pero acepté y nos fuimos a un parque que estaba cerca. De pronto empezó a gritarme acusándome de que lo engañaba, porque, según él, yo me arreglaba mucho para ligar. Por más que le decía que no, él seguía con sus gritos, y me amenazaba con terminar; entré en pánico y acabé prometiéndole que ya no me iba a pintar, que dejaría de usar faldas y no iba a hablar con nadie.

El segundo berrinche fue porque acepté comer en casa de una amiga que tenía hermanos. Luego hacía sus escenas de celos a cada rato, incluso porque estaba ocupado el teléfono de mi casa. Sus arranques eran cada vez más intensos: empezó por romper cosas, primero sólo las suyas y luego también las mías. Y yo, la muy tonta, creía que sus celos eran la prueba de que me quería mucho.

Así seguimos. Yo dejé de tener amigas porque todas le parecían unas putas; ya no me arreglaba, andaba como monja para no enseñar nada; me ponía histérica si alguien en mi casa se tardaba en el teléfono; si alguien me decía que él no me convenía, me enfurecía. Después de las escenas, que ya habían llegado a los insultos, siempre se ponía muy lindo y me daba cartas en las que me pedía perdón: justificaba sus arranques afirmando que se ponía muy nervioso cuando yo andaba de coqueta porque no quería perderme, porque yo era todo para él.

Sus pleitos los empezaba con un: "Ya terminamos", y entonces yo entraba en pánico y me dejaba insultar, hasta que un día pasó a los golpes. Me pegó en la cara tan fuerte, que me caí al piso. Me asusté muchísimo y salí corriendo sin parar hasta llegar a mi casa. Esa noche me llevó serenata con mariachis como a la antigüita y, llorando, me pidió perdón, jurándome que nunca volvería a hacerlo. Yo se lo creí y lo perdoné, pero, gracias a Dios, a los pocos días mi hermano rentó la película de la vida de Tina Turner. Fue entonces cuando me cayó el veinte: su historia de amor se parecía a la mía y pude intuir el futuro que me esperaba. Esta película me movió el tapete durísimo y, aunque me costó mucho trabajo, porque sí lo quería mucho, terminé con él.

En una relación destructiva, uno de los integrantes se dedica a abusar emocional y/o físicamente del otro. Como ya vimos, el abuso emocional se caracteriza por una agresión velada constante, y el abuso físico, por una violencia palpable y evidente.

Dentro de la pareja, se da también la violación sexual, actualmente considerada como un delito. Se llama violencia sexual doméstica y, en muchos casos, es aceptada debido a la cultura machista. "Siempre que él quiera tú tienes que estar dispuesta", suele ser el consejo de gran número de madres a sus hijas cuando van a casarse. Se cree que a los hombres les está permitido hacer todo lo que se les ocurra, mientras que las mujeres están obligadas a aguantar. El cónyuge, aunque tenga la bendición de un obispo, no tiene derecho para obligar a su pareja a hacer cosas que le disgustan.

La víctima suele justificar los maltratos porque se siente responsable de la ira de su agresor, ira que suele culminar en golpizas, con lesiones a veces leves y otras muy graves: "Yo tengo la culpa por no obedecer", "Me lo gané por abrir la boca de más".

A lo largo de su vida, estas mujeres fueron cediendo en todas las demandas de sus compañeros, principalmente por un gran temor a ser abandonadas. Lo curioso es que, a la larga, casi todas terminan así: abandonadas. Sus compañeros pasan largos periodos fuera del hogar sin cumplir con las responsabilidades de padres de familia y después, cuando regresan, condicionan su estancia: "Te voy a dar otra oportunidad, pero no vuelvas a desesperarme".

Mi experiencia como terapeuta demuestra que sólo pocas de las mujeres que sufren de maltrato deciden confesar su situación a otra persona, y son todavía menos las que lo hacen ante un psiquiatra o un psicólogo; la mayoría sólo acude a un médico general para curar las heridas producto de los golpes. Existen muchos centros de salud a los que van estas mujeres pero, desafortunadamente, los médicos sólo atienden las consecuencias de la golpiza, sin indagar si se trata de un caso de violencia conyugal severa, por lo que no toman en cuenta las consecuencias psicológicas que ello conlleva.

Los hombres que abusan de sus mujeres son mucho más numerosos de lo que pensamos. No obstante, también hay muchos hombres maltratados por sus mujeres. De éstos casi no nos enteramos porque, viviendo en un país machista, les da vergüenza confesarlo, y fuera de su casa aparentan lo contrario: se les ve alardeando de que en su casa ellos mandan.

El gran absurdo y la paradoja de la dependencia de una relación destructiva, es que la víctima prefiere seguir enganchada en la relación, a pesar del precio que paga con su salud emocional y física.

En el caso de las parejas homosexuales sucede exactamente lo mismo cuando uno de sus integrantes es violento y el otro dependiente; el juego en el que caen es idéntico al que conducen las relaciones destructivas entre hombre y mujer. En algunas ocasiones ejercen la violencia física, en otras, la violencia psicológica expresada en palabras, silencios o actitudes.

Una relación destructiva puede terminarse, pero si la víctima no se cura, corre el riesgo de repetir el mismo esquema, es decir, que seguramente encontrará una pareja con las mismas características a la que finalmente se someterá.

Algunos cultos, sectas, religiones, movimientos espirituales, no importa el nombre que se les dé, son muy peligrosos. En las últimas décadas han aparecido decenas de líderes espirituales que dicen ser mensajeros directos de Dios. Cada uno de ellos se anuncia como el elegido para comunicar la verdad última que salvará a la humanidad. Suelen ser personas carismáticas, siempre rodeadas de seguidores que, por alguna razón, creen en ellos.

Se piensa que sólo las sectas satánicas pueden ser dañinas por su veneración al mal; sin embargo, hay muchos otros grupos disfrazados de santidad que únicamente buscan manipular para obtener poder y beneficios materiales.

Muchos jóvenes se unen a estos grupos sin darse cuenta de que se trata de una trampa. Las técnicas que utilizan para atraer y convencer a sus discípulos son muy ingeniosas y pueden pasar inadvertidas. Estos manipuladores saben muy bien que todo mundo requiere afecto y es lo que aparentan dar. Un joven que se siente solo o incomprendido suele ser el candidato ideal: es el que más fácilmente caerá en sus garras. Si además tiene predisposición a la dependencia, se enganchará al grupo, igual que un adicto a su droga.

Al igual que en las relaciones de abuso en la pareja, la persona puede ser muy inteligente y dejarse atrapar por una secta o culto. Esto se debe a que los embaucadores manipulan las emociones, no los pensamientos.

Otra de las técnicas, además del supuesto afecto, es ofrecer un regalo. Te regalan un libro, una estampa o te invitan a una plática con refresco, totalmente gratis. El problema cuando aceptamos un regalo es que nos sentimos comprometidos, y es casi imposible decir que no cuando se nos pide algo. Curiosamente, el efecto de esta técnica es mayor cuando nos dan el regalo enfrente de otras personas.

Con la ilusión de haber encontrado nuevos amigos, y convencidos de que estamos obligados a corresponder después de haber aceptado el regalo, es muy probable que accedamos a escuchar lo que predican. Al nuevo seguidor siempre lo hacen sentir muy afortunado porque salvará su alma y ha sido uno de los "elegidos". El ego del nuevo "elegido" se infla como globo y queda enganchado. Una vez que ha dado muestras de dependencia, comienzan a pedirle que realice ciertas actividades, las cuales el flamante novato realizará, con tal de no perder su falsa imagen de hijo favorito de Dios. Las demandas van en aumento conforme él va cediendo y se va sintiendo más santo, hasta pedirle que deje a su familia y a sus amigos, que trabaje para ellos o que les dé dinero si lo tiene. Pero también se ha llegado al extremo de pedir a los seguidores que asesinen o se suiciden, y obedecen sin vacilar, convencidos de que irán derecho al Cielo.

Con su halo de santidad, el líder los convence de hacer cualquier cosa. Son muchos los casos documentados en los que se consigna el testimonio de personas que han tenido relaciones sexuales, absolutamente convencidas de que al acostarse con su amado maestro, se están uniendo a la divinidad.

Una de las armas más poderosas para manipular las emociones es el miedo, otra, la culpa. La amenaza al castigo eterno y a la condenación ha sido utilizada por siglos para dominar y controlar a los individuos.

Testimonio de un joven de 22 años

Ramón vivía cerca de mi casa y nos conocíamos desde que éramos niños, aunque nunca fuimos amigos. Un día me lo encontré en la papelería y se portó muy amable conmigo. Cuando vio que me faltaba un peso, me dijo: "Yo te lo pago; luego me lo das". Al día siguiente lo vi en el parque con sus cuates y me acerqué a él para pagarle el peso, pero no aceptó; me dijo que me lo había disparado. Cuando ya me iba, uno de sus amigos me invitó a una excursión al Desierto de los Leones, que estaban planeando para el domingo. Me dio mucho gusto porque yo no tenía muchas amistades y en mi casa casi no hablaba con nadie.

Fui con ellos a la excursión y ahí conocí a Marcela. Era una chava muy linda, y como que le gusté. Después de que comimos, empezaron a cantar con unas guitarras. Todos fueron amables conmigo y me trataron como cuate desde el principio.

Salí con Marcela dos o tres veces; yo me estaba clavando con ella bien en serio. En una de nuestras salidas me explicó que todos ellos habían encontrado una onda muy padre, y que se reunían para hablar de eso. Me preguntó si quería asistir a una de las reuniones para ver si me gustaba, y yo acepté. A mí lo que me encantaba era ella, e iría a donde fuera con tal de que estuviéramos juntos. En la reunión me di cuenta de que se trataba de algo como religión. Su líder hablaba muy bien y nos hizo reír mucho mientras explicaba cómo recibía mensajes de un ser muy elevado que estaba en contacto directo con Dios. Cuando asistíamos a las reuniones, yo veía que a Marcela se le llenaban los ojos de lágrimas, conmovida por lo que escuchaba.

Después empecé a ayudar a vender libros y a cooperar con parte del dinero que me daban. A medida que me integraba, parecía agradarle más a Marcela. Después, poco a poco me fui convenciendo de que el líder sí tenía la "neta".

En mi afán por ayudar, un día llegué muy temprano a la casa donde vivía el líder y hacían las reuniones. La puerta estaba sin llave y entré como siempre. Fui directo a la biblioteca para devolver unos libros y, al pasar por la recámara del líder, escuché claramente cómo éste estaba haciendo el amor con Marcela. Muy confundido la esperé en la sala y la confronté. Entonces me explicó que no se trataba de una traición sino de un ritual que la acercaba más a Dios, un acto sagrado que le permitía entrar en contacto directo con la eternidad. Y decía todo esto con lágrimas en los ojos, con una cara como de santa. Llegó un momento en que no quise escucharla más; me di media vuelta y me fui.

Estaba tan enojado, que llamé a la mamá de Marcela y le conté todo, por si quería hacer algo. No supe qué pasó con ella porque no volví a verla, pero sí recibí dos amenazas: una de Ramón, el que vivía cerca de mi casa, y otra del líder para que me quedara callado. Lo último que supe fue que su sectita se fue a vivir a algún lugar en la costa de Oaxaca y desde entonces ya nunca volví a verlos.

4. LA VÍCTIMA: UN PROBLEMA DE ADICCIÓN

"Eres mi droga. Eres una droga de mi cuerpo y dejarte ya no puedo."

(Intocable)

Se dice que cuando una persona se conforma con todo lo que le imponen es como un camello que se arrodilla y pide que le pongan la carga encima. Frecuentemente, ésta es la actitud de la víctima de una relación de abuso.

Se trata de un individuo con gran inmadurez emocional, que siempre crea dependencias, razón por la cual sus relaciones pueden convertirse en verdaderas adicciones aberrantes.

Quienes son víctimas de abuso suelen sentirse disminuidos, avergonzados e insuficientes. Aguantan todo con tal de no ser abandonados, pero a la larga, casi todos terminan así.

Desde los primeros abusos, la víctima se paraliza y es incapaz de responder a la agresión física o emocional de quien la agrede. Vive en un estado de estrés y padece continuamente síntomas de depresión que, en caso de complicarse, pueden llevarla a la muerte.

Los individuos atrapados en la dependencia de su agresor padecen de una enfermedad que se ha vuelto una epidemia, porque ataca a grupos universales de población sin distinguir sexo, edad o nivel económico, social y cultural. En México y Latinoamérica miles de personas, tanto mujeres como hombres, son víctimas de las relaciones destructivas y, lo que es peor, son adictas a ellas. En su mayoría, difícilmente reconocen que su relación es disfuncional y mucho menos aceptan recibir ayuda para salvarse a sí mismas.

Cuando trabajo con adictos a las relaciones destructivas, es desesperante oír la cantidad de pretextos con los que justifican a su victimario, sin darse cuenta de que lo defienden con su propia pasividad. Pueden pasar años de terapia sin que realmente se decidan a hacer algo para salir del infierno en el que viven. Como médico y como ser humano, enfrento el reto de ayudar a resolver el problema de cómo salir de ese círculo de abuso y dependencia antes de que sobrevenga alguna enfermedad irreversible que conduzca a la misma muerte.

A lo largo de aproximadamente treinta años he tenido trato directo con personas adictas a las sustancias tóxicas, al trabajo, a la comida, etcétera, y todas ellas poseen características comunes, independientemente de aquello a lo que son adictas. Todos estos individuos son enfermos emocionales.

En su evolución, los adictos tienen como característica particular dejar una adicción por otra. Muchos piensan que cuando dejan la adicción a la nicotina engordan porque ya no fuman, pero no es así: engordan porque se vuelven adictos a la comida y empiezan a comer más, es decir, se vuelven comedores compulsivos.

Para mi sorpresa, las mismas características y tendencias que se observan en un adicto las he advertido, poco a poco, en las mujeres víctimas de maltrato, cuyas relaciones amorosas coincidían en una queja constante: "No puedo vivir con él ni sin él".

Después de escuchar a cientos de víctimas enganchadas a una relación destructiva, incluidas las que reciben brutales golpizas, pude darme cuenta de que a pesar de vivir un auténtico infierno, no están conscientes de lo absurdo de su situación y son incapaces siquiera de pensar en dar por terminada la relación. Si acaso llegan a pensarlo, no encuentran el valor para hacerlo. Suelen decir: "Sí, doctor, ya sé que me hace daño, pero ¿cómo hago para dejarlo?". Me resultó sumamente interesante descubrir que esas relaciones podían ser, en realidad, verdaderas adicciones aberrantes.

Del mismo modo que un adicto a las drogas va muriendo porque no puede dejar de utilizar sustancias tóxicas, o un alcohólico sufre debido a su imposibilidad para dejar de beber, la víctima del maltrato va muriendo porque no puede vivir sin su "bestia".

Este conjunto de síntomas que, para mi sorpresa, afecta a una de cada tres mujeres, no coincide con ese otro tipo de víctimas que soportan el maltrato por masoquismo. Las mujeres víctimas del abuso emocional sufren profundamente, pero no saben qué hacer. Les he preguntado por qué no abandonan a sus parejas y la respuesta invariable es: "Porque no puedo". Es aquí donde existe una enorme semejanza entre las dos dependencias: a las sustancias tóxicas y a las relaciones destructivas. Los adictos están enganchados a algo que los destruye, y ese algo, de no iniciar un tratamiento, los aniquilará irremediablemente.

Es importante para toda víctima de una relación destructiva, saber que este tipo de relaciones existe en todo el mundo y abundan en esta ciudad: hay miles de víctimas en situaciones parecidas.

La personalidad de un individuo con predisposición a la adicción a las relaciones destructivas coincide con la del alcohólico (véase *Las familias alcohólicas*, del mismo autor, Ed. Grijalbo), pero en lugar del alcohol, necesita vivir a expensas de las acciones, los pensamientos, las conductas y los sentimientos de otro. Se trata de una predisposición genética; si se revisa la historia de personas con esta predisposición, se verá que muchas empiezan a depender de algo desde temprana edad. Estos individuos acostumbran actuar íntimamente con aquellos de quienes dependen, tanto en el nivel de pensamiento como sentimentalmente. Quienes actúan así, consideran imposible su supervivencia sin la participación o permanencia del individuo que dependen.

A pesar de los maltratos, la víctima no puede vivir sin su victimario. Puede soportar el sufrimiento porque se engaña y cree que "puede cambiar al otro", sin tener conciencia de que el cuadro puede llevarla a la enfermedad y, en casos extremos, a la muerte.

Como todos los adictos, los dependientes emocionales tienen la característica de la tolerancia, es decir, la capacidad para acostumbrarse a la sustancia adictiva, en este caso el maltrato, y la necesidad de aumentar progresivamente la cantidad y frecuencia de las dosis.

Asimismo, padecen el síndrome de abstinencia, cuadro clínico físico y emocional que aparece por la suspensión del tóxico, cuya intensidad o gravedad es proporcional al grado de adicción que el enfermo o enferma manifiesta. Cuando un adicto a una relación destructiva se ve privado de la compañía de su tirano, sufre el síndrome de abstinencia y padece los mismos trastornos que el alcohólico o el drogadicto ante la falta de la sustancia: temblor intenso de las manos, lengua seca y por lo menos uno de los siguientes síntomas: náusea, vómito, malestar o debilidad, hiperactividad autonómica, como taquicardia o presión arterial alta, ansiedad, ánimo depresivo o irritabilidad, alucinaciones o ilusiones transitorias, dolor de cabeza o insomnio.

La tolerancia y el síndrome de abstinencia son características comunes a cualquier adicción, incluida la adicción a una relación destructiva.

Al inicio de la relación, la víctima sufre un proceso intenso de cambios emocionales, físicos y hormonales que la conducen a un estado de exaltación, euforia e hipersensibilidad que llama "enamoramiento". Desea, a toda costa, unirse a esa persona para siempre, y si acaso percibe algún defecto en el carácter de su enamorado, lo pasa por alto porque cree que su gran amor lo va a corregir; si ve que tiene problemas con el alcohol, piensa que ella lo va a rescatar. Otra de las características de la personalidad dependiente es el hecho de mentirse constantemente, el individuo cree sus propias mentiras.

En las relaciones destructivas, una de las adicciones más graves es el odio, que se traduce en un profundo resentimiento. Así, muchas víctimas establecen un vínculo tan estrecho con su dependencia al agresor, que terminan por aniquilarse. Este tipo de adicción, el más desconocido y el menos estudiado, es el más frecuente. El resentimiento, un veneno para el alma, generalmente no se expresa porque conduce a la hipocresía. De esta manera, la persona resentida vive rumiando su odio, esperando un cambio en los papeles, es decir, que su tirano se vuelva inofensivo para hacer lo que ella desea.

La víctima de abuso físico y/o emocional permanece junto a su agresor sin tener conciencia de la situación y, mucho menos, de que en sus manos está terminar con ese infierno. El círculo vicioso en el que se encuentra le parece seguro y confortable porque no conoce otra cosa. Este círculo tiene etapas muy claras: el violento la agrede, ella llora; él se arrepiente y le pide perdón, ella lo perdona y espera la siguiente agresión; él ataca y se inicia de nuevo el proceso.

La víctima golpeada se siente profundamente sola en este mundo. A causa de su situación, se aleja del trato con parientes, amigos y vecinos, hundiéndose en un infierno en el que su única relación social es con su "pareja" (el agresor). A pesar de esta vida tortuosa, está convencida de que le es imposible abandonar a su agresor o, en la mayoría de los casos, ni siquiera desea hacerlo. Si la violencia deja huellas, prefiere ocultarlas bajo la ropa, antes que aceptar públicamente que ha sido golpeada. Si le dejan un ojo morado, dará una serie de explicaciones absurdas y difícilmente creíbles, como: "Rodé por la escalera"; sin embargo, es poco probable que la víctima pueda ocultar los síntomas de depresión que suelen acompañar su malestar: en apariencia puede sonreír, pero se le ve, se le oye y se le siente triste y abatida.

Además del miedo a ser abandonada, la persona emocionalmente maltratada no deja a su agresor debido al sentimiento de culpa que padece, pues como piensa que él la necesita, considera una deserción cobarde dejarlo. Convencida de que la situación puede cambiar, continúa con la relación. No obstante, mientras más tiempo permanezca en esas condiciones y cuanto más intenso trabaje para que funcione su relación marital, mayores serán las dificultades. Para ella está implícito tolerar el maltrato, ya que es lo único que acredita su vida. Apartarse de su tirano equivaldría a vaciar su existencia, razón por la cual no desea desvincularse.

Un caso muy conocido, ejemplo de la dependencia a una relación destructiva, es el de la famosa cantante Tina Turner. Quien haya visto la película sobre su vida, supervisada por ella misma, podrá darse cuenta de cómo se desarrolla un proceso adictivo. Desde el inicio de su noviazgo, tanto ella como su novio muestran señales claras de una relación destructiva. Después de prometerle que nunca lo va a abandonar, ella le tolera golpiza tras golpiza. Vemos también cómo, aun con la cara sangrando, lo justifica y lo defiende. Ella depende por completo de él, quien la explota como cantante. Finalmente, después de muchos años, logra dejarlo y, gracias a que el tipo termina en la cárcel, ella jamás vuelve con él.

Cuando una víctima concluye que debe abandonar a su agresor, siente que su razón para vivir dejará de existir, por lo cual es una decisión muy difícil de tomar. La vida de la víctima del maltrato gira en torno de su "tirano", se centra en sus decisiones y comportamientos, sometiendo sus estados de ánimo a los de él.

Testimonio de una joven de 18 años

Memo y yo nos hicimos novios cuando yo estaba en la secundaria. Desde el primer día que salimos yo empecé a sufrir. Me quedaba toda la tarde esperando que llamara, y cuando me daba cuenta de que ya no lo iba a hacer, sentía que el mundo se derrumbaba; me dolía el estómago, me temblaban las piernas y me encerraba en mi cuarto a llorar. No dormía en toda la noche ni podía estudiar. Cuando ya no podía más, le llamaba a su casa, a pesar de que a él no le gustaba que lo hiciera. Entonces me contestaba con un tono muy "sangrón" y me decía que no tenía tiempo de hablar, que luego me llamaría. Yo me pasaba dos o tres días angustiada, muerta de miedo de que no volviera a llamar. Después aparecía todo encantador y amable, me llevaba al cine y a cenar tacos. Eso sí, mucho beso y mucho abrazo y si encontrábamos dónde, hasta hacíamos el amor. Era muy brusco y algunas veces llegaba a lastimarme; en realidad era una bestia pero yo, tan tonta, creía que su brutalidad era la fuerza de su amor. Después se ponía muy frío y me llevaba a mi casa advirtiéndome que no le hablara por teléfono, que sería él quien lo haría.

Su rudeza fue en aumento, y empecé a notar que disfrutaba viendo mi gesto de dolor. Después, ya ni me llevaba a mi casa: me dejaba en el motel y me decía que me fuera en taxi porque él tenía prisa. Lo peor de todo es que mientras más me maltrataba, más quería estar con él y mayor era mi sufrimiento mientras no tenía noticias suyas. A veces, pasaban semanas sin que yo supiera de él, sufría tanto, que cuando aparecía dejaba todo y salía corriendo tras él.

Un día, por casualidad, escuché un programa de radio en el que habló una mujer que estaba en un grupo de codependientes y, aunque ella narraba su relación con un alcohólico, parecía que estaba contando mi historia cuando habló de su noviazgo. Escuché la angustia que sentía por no poder dejarlo y me identifiqué. Después, cuando contó cómo había vivido los últimos veinte años golpeada y humillada por ese hombre, me cayó el veinte de que yo debía hacer algo para no terminar como ella.

Al principio fue muy difícil detener el impulso por contestar sus llamadas. Sentía que me iba a morir porque, además, se me quitó el hambre. Una amiga me proporcionó la lista de los doce pasos que utilizan en los grupos de adicción y me sirvió mucho. Todavía una parte de mí salta de repente con unos deseos enormes de llamarlo, pero he logrado detenerme antes de llegar al teléfono. Sé que tengo un problema y he empezado a ir a una terapia de grupo, con personas que se encuentran en la misma situación. Me animan mucho porque soy la más joven y sé que mientras los tenga a ellos no volveré a caer.

Por lo general, el individuo que tiende a la dependencia nace con la incapacidad para ser independiente desde el punto de vista emocional. De niños, a este tipo de personas se les califica de poco carácter, poco sociales, introvertidos, raros, diferentes o extraños. Tienen un profundo temor al rechazo y al abandono. Un niño así siempre está temiendo que su mamá se muera o que no regrese cuando sale a la calle. Cuando crece y participa en una relación amorosa, esa persona empieza a desarrollar los mismos miedos, pero ahora en torno de su pareja. Vive en un constante temor a que el ser amado lo abandone. Este tipo de individuo pudo haber nacido por igual en familias bien organizadas o no, ser hijo de padres cultos o haber sido educado bajo dogmas o religiones diversos; del mismo modo, puede ser hijo de inadaptados sociales que de un obrero o un arquitecto.

Cualquier persona, hasta la más inteligente, puede convertirse en víctima, pues, aunque su intelecto funcione maravillosamente en otros aspectos de su vida, se encuentra discapacitado emocionalmente.

En el fondo, el adicto a una relación destructiva está convencido de que el sufrimiento es el único camino para lograr la felicidad, en este mundo o en el más allá. Pero el dolor y el sufrimiento no tienen nada de sagrado y no existe garantía de que será premiado. La creencia en una divinidad que se complace con el dolor de sus criaturas está muy arraigada en la humanidad. La ciencia ha demostrado lo equivocado que estaba el hombre primitivo al pensar que todo lo que no podía explicarse le era enviado por los dioses, no obstante lo cual, todavía hay quienes creen que la luna es de queso o que su dios manda las enfermedades como un castigo.

En México, no hay halago más gratificante para una madre que decirle: "Eres una santa". Como consigna, la mujer mexicana debe morir en la hoguera. En muchas familias mexicanas, las niñas siguen siendo educadas para la sumisión:

dependientes, con una autoestima por los suelos y acostumbradas al dominio, especialmente al masculino. Pero no tenemos por qué repetir estos patrones de conducta. Los jóvenes poseen la capacidad de elegir relaciones sanas.

Es importante aclarar que la víctima se vuelve adicta a la relación con su tirano, pero no a sus maltratos; lo que ella busca es estar cerca de su agresor, a pesar del riesgo y el dolor que eso conlleva.

El miedo irracional al abandono se suma al temor constante a nuevas agresiones. El profundo y dramático sufrimiento de una persona involucrada en una relación de este tipo, así como toda la mezcla de sentimientos que la acompañan, la mantienen confundida, por lo cual no puede ver claramente la realidad. Sabe que sufre, pero no entiende bien el porqué. El miedo, la confusión, la ira reprimida, el profundo dolor, el estrés, la vergüenza y la culpabilidad la atormentan continuamente, perdiéndola en un laberinto que no parece tener salida.

Cuando una persona mantiene una relación de dependencia con un agresor, es frecuente que sus sentimientos de enojo, debido a que son inaceptables, aparezcan disfrazados de enfermedades. La depresión y las adicciones físicas son maneras de castigarse a sí misma, pero la víctima también puede albergar un deseo inconsciente de castigar al otro mediante su propio sufrimiento.

El enojo es una emoción humana normal, y todos lo experimentamos en grado distinto; sin embargo, a muchos padres les resulta difícil tolerarlo. Cuando un niño hace un berrinche, la mayoría de los padres siente que ya no lo controla y recurre a las amenazas o a los golpes. A la niña se le permiten menos vías de escape que al niño, porque de ella se espera la amabilidad y un carácter dulce. La mayoría de ellas aprende a ventilar su enojo mediante la agresión verbal, cuyas formas tradicionales son el chisme, el insulto y el sarcasmo.

Cuanto más dócil es una niña, más reprimidos están sus sentimientos y sus necesidades, con lo cual su enojo aumenta y se ve obligada a ser cada vez más sumisa para poder defenderse de este círculo vicioso. Éste es el camino que recorren todos los niños maltratados.

No es difícil detectar a alguien emocionalmente maltratado: se le ve estresado y deprimido, infeliz, aunque es poco probable que este individuo asocie su estado con el maltrato emocional, pues quizá se considera protagonista de "una historia normal de amor", en la cual el sufrimiento es uno de los combustibles de su relación.

Si te encuentras en medio de una relación así, no debes sentirte culpable. Las víctimas tienden a culparse a sí mismas cuando la persona a quien aman lanza su ira en su contra. Como creen que ellas han provocado al agresor, lo disculpan; están seguras de que si hubieran dicho o hecho lo correcto habrían evitado la agresión. Nada de esto es verdad, sin importar lo que hagas o digas, la otra persona seguirá con sus agresiones y tú no puedes remediarlo.

Si has crecido en un hogar violento, es probable que desarrolles los mismos problemas de carácter y percibas tu conducta como normal. Puedes volverte también muy crítico hacia los demás y contigo mismo, lo cual te lleva a pensar en forma negativa y a aislarte.

No todos los niños que sufrieron de abuso se convierten en agresores o futuras víctimas de más violencia, no obstante, la mayoría tiende a involucrarse en relaciones destructivas desde jóvenes, a menos que aprendan a romper el círculo de la violencia.

Cualquier tipo de abuso emocional puede conducirte a problemas de autoestima en el largo plazo, cuyas profundas repercusiones arruinarán tus relaciones presentes y futuras.

Pero no es suficiente terminar la relación para que todo se resuelva: *es necesario pedir ayuda porque, de no hacerlo, tu predisposición a la dependencia te llevará automáticamente a otra relación de abuso que probablemente resulte peor.*

Vínculo alcohol y violencia

Los grupos de Alcohólicos Anónimos cuentan con numerosos testimonios de agresiones de sus miembros en contra de la esposa, los hijos u otros familiares. Entre otras cosas, confiesan haberlos golpeado o insultado. Son miles los relatos de mujeres y niños que han sido golpeados brutalmente por hombres alcoholizados. Pero no todos los borrachos son agresivos ni todos los violentos son borrachos. Lo que hace el alcohol es desinhibir la violencia reprimida en el individuo y también proporcionar una excusa para comportamientos inadmisibles.

Cuando una persona violenta padece la enfermedad de la adicción, causa un daño terrible a los suyos y a sí mismo. La combinación de las dos cosas es fatal. La mayoría de los individuos con estos problemas entra en el programa de recuperación de Alcohólicos Anónimos cuando el nivel del daño causado a sus familiares suele ser enorme. En la medida en que van recuperando su salud mental se hacen conscientes y, al abandonar la bebida, dejan también los golpes.

Casi todos los hijos de alcohólicos tienen una predisposición a la adicción. Muchos de ellos pueden terminar siendo alcohólicos o dependientes emocionales. En la película *Amores perros* se muestra un claro ejemplo: una joven, cuya madre es alcohólica, vive con su marido violento en casa de su suegra. Ella no sólo acepta el maltrato y la humillación cotidianos de él, sino que lo defiende y se niega a dejarlo, aun cuando se le ofrece la oportunidad: se trata a todas luces de una adicta a la relación. Cuando el marido muere, ella elige quedarse unida a su recuerdo y continuar siendo víctima. La actitud de la suegra, que defiende a su hijo a pesar de presenciar el maltrato, es típica en estos casos. Lo grave en nuestro país es que este drama ocurre con muchas adolescentes. Desde muy temprana edad se enganchan a su novio, se embarazan y se van a vivir con la suegra. Suspenden sus estudios y su vida cambia de la noche a la mañana para convertirse en un infierno del que no pueden salir, no sólo por la dependencia económica sino, sobre todo, por la dependencia emocional que las mantiene atadas. La canción compuesta por Julieta Venegas para esta película describe con claridad la posición de un adicto a relaciones destructivas. Veamos dos líneas:

Tus amores perros me van a matar
Sin haberme dado la felicidad.

5. EL AGRESOR: UN GRAN COMPLEJO DE INFERIORIDAD

"...y arrepentido de todos mis errores, te suplico por favor que no me odies y que no me abandones porque fuerte no soy."

(Intocable)

El hombre o la mujer capaz de maltratar física o emocionalmente a otro, es diferente al resto de las personas. Su comportamiento es muy complejo, ya que suele mostrarse normal frente a los demás. Su afán destructivo lo localiza en una sola persona. Las armas que utiliza para destruir al otro son, principalmente, las palabras y sus estados de ánimo. Aunque la violencia física es un extremo, el abusador demuele sistemáticamente a su víctima mediante el hostigamiento psicológico que, desde el punto de vista emocional, es tan devastador como la violencia física. El asedio, el chantaje, los insultos, las amenazas, la intimidación, las burlas, la infidelidad y los celos son formas de violencia utilizadas por quien abusa para establecer su supremacía.

Detrás de cada acto de abuso hay siempre un enorme complejo de inferioridad. La inseguridad y la baja autoestima hacen a la persona particularmente propensa a agredir a otros. Buscará a alguien con ciertas características de docilidad para maltratarlo, pues no desea relacionarse con quien pueda estar por encima de él o ella. Debido a su gran complejo de inferioridad, intenta demostrar que es superior maltratando a quienes dependen de ella.

Echando mano de la crueldad y los insultos, el tipo violento controla al otro y hace polvo su autoestima. Con una demencia destructiva consigue aniquilar la seguridad de su víctima, poco a poco, hasta que ésta ya no tiene la más mínima confianza en sí misma ni en su capacidad para relacionarse sanamente con los demás.

Por esta razón es muy difícil que la víctima, aunque esté consciente de su situación, pueda salir de ella.

El agresor será el último en reconocer que la maltrata; no asume responsabilidad alguna por el sufrimiento que le ocasiona; por el contrario, más bien la culpa de todos los sucesos desagradables de la relación, de la sociedad e, incluso, del mundo.

Lo que más odia y teme el abusador son las expresiones de dolor emocional por parte de la víctima, de ahí que, aunque necesita de ella para que exprese esta vulnerabilidad, la desprecia porque es débil. Consigue que exprese en su nombre los sentimientos que lo avergüenzan y luego la odia por haberlo hecho.

En el fondo, el agresor también siente gran miedo al abandono, pero no lo expresa: la manera de aliviar ese temor es mantener a su víctima demasiado asustada como para que se decida a dejarlo. Aunque no lo parezca, necesita de ella para demostrar su superioridad. La persona sometida no ve las cosas como son y no se da cuenta de que su agresor depende de ella muchísimo más que ella de él. No repara en que el agresor se siente seguro de sí mismo únicamente cuando la controla. Pero el miedo del agresor a ser abandonado es de tal magnitud, que cuando se siente amenazado reacciona inmediatamente, ya sea pidiendo perdón y haciendo promesas y juramentos o tornándose más violento.

Los celos, una de las emociones más primitivas en el ser humano, juegan un papel muy importante en las relaciones destructivas. El temor a ser desplazado es tan grande, que puede convertirse en un infierno tanto para quien lo sufre como para la persona celada. Cuando los celos se salen de control, el individuo se obsesiona y busca desesperadamente confirmar sus sospechas, atormentando a su pareja con continuas acusaciones. Si el celoso llega a tener pruebas, se sentirá satisfecho por haber tenido la razón y, a la vez, profundamente dolido por haber sido engañado. Cuando esto llegue a suceder la reacción violenta puede llegar hasta el asesinato.

La relación destructiva no es satisfactoria para el agresor ni para su víctima. Desde la niñez, ambos han aprendido a ver el mundo en función del poderoso y el desvalido, y a considerarse a sí mismos débiles e inferiores frente a quien da la impresión de fuerza porque agrede, ataca e intimida, mientras que el otro aparenta estar conforme y cede a sus exigencias.

La víctima puede creer que, debido a su sufrimiento, tiene derecho a que la cuiden y se compadezcan de ella, pero es muy raro que su agresor se muestre sensible a su dolor, pues en el caso en que llegara a reconocerlo, probablemente pensaría que no tiene nada que ver con él. Si su víctima sufre un colapso físico o emocional, puede despreciarla aún más por ser débil. A sus ojos, es una patética que exagera las cosas, además de una inútil.

Por más sumisa que sea, y a pesar de su gran capacidad para convertir la rabia en sufrimiento, la víctima no puede contener la cólera desatada por la crueldad del otro; esta rabia sale al exterior algunas veces sutilmente y otras con hostilidad: agresiones verbales encubiertas o comentarios abiertamente hirientes. Pero el abusador utiliza estas actitudes como nuevas justificaciones para ser más cruel. Algunas mujeres expresan su enojo de la siguiente manera: olvidan las pequeñeces importantes para su pareja, adquieren la irritante costumbre de llegar tarde o simplemente se aíslan y se desconectan con frecuencia. Otras, se muestran frías retrayéndose en el silencio. Pero todas esas expresiones de enojo son relativamente débiles comparadas con los continuos estallidos de un agresor.

En algún momento de nuestra vida, todos hemos descargado algún tipo de violencia hacia el exterior. Esa violencia interna debe ser descubierta y reconocida por cada uno de nosotros a fin de no dañar a nuestros seres queridos. La responsabilidad es de cada uno, porque nadie va a venir a curarnos. El principal problema es que no la vemos; la hemos negado por tanto tiempo que, en muchos casos, está totalmente oculta. Reconocer la propia violencia interna es un acto de responsabilidad que requiere mucha honestidad y humildad. Mientras no lo hagamos seguiremos siendo violentos, de una manera u otra, con los demás y con nosotros mismos.

Es importante distinguir entre la agresión que responde al instinto de supervivencia y la agresión cruel. La primera se manifiesta como defensa ante un peligro inminente, o como medio para satisfacer alguna necesidad básica, por ejemplo, para obtener el alimento. Esta agresión es la que se presenta en todos los animales y estamos muy equivocados cuando decimos que un hombre cruel es un *animal*. Está comprobado científicamente que la crueldad es exclusiva del ser humano.

El hombre creó un nuevo tipo de agresividad cuando inventó la propiedad privada y le dio gran importancia. Una vez cubiertas sus necesidades básicas, deseó poseer más y, al lograrlo, se dio cuenta de que obtenía cierto poder sobre el que no poseía y se sintió superior; probó el elixir del poder y quiso tener más: así nació la *voracidad*.

Pero esta superioridad es muy falsa y vulnerable porque depende de la conservación de la propiedad; el hombre cree ser lo que posee y, ante la amenaza de perderlo, reacciona como si se tratara de defender su propia existencia. Se convierte entonces en esclavo de su propiedad y está convencido de que para ser más necesita adquirir mayor número de bienes. Busca tener más que el otro, porque su idea de superioridad está sujeta a la comparación; debe existir alguien que es menos, y la manera de conseguirlo es quitándole lo que tiene. Así logra dos objetivos; aumentar sus posesiones y disminuir al otro para poder compararse.

Ésta es la base del sistema económico mundial y el motivo de todas las guerras. Cuando un país trata de arrebatar a otro su riqueza, su gobierno inventa un pretexto para conseguir el apoyo de su pueblo y ataca. Los pretextos que mueven a las masas son de diferente índole: algunas veces se usa el pretexto religioso, otras, el de la autodefensa; se le hace creer a la masa que existe una amenaza y, en ocasiones, se lleva a cabo la farsa de ataque, como ha hecho Estados Unidos para iniciar un movimiento bélico. Los dirigentes saben muy bien cómo despertar la pasión ciega de la multitud. Se han realizado matanzas en nombre de la paz, de la libertad, de la democracia, etcétera. La verdad es que detrás de cada atrocidad, siempre está la *voracidad*, el deseo de arrebatar algo que el otro posee.

El enojo es una emoción natural muy diferente de la ira. Ésta se caracteriza por arranques de furia desmedidos, gritos, golpes y destrozo de objetos. La ira desata una reacción en la química cerebral del agresor, y esta respuesta interna puede ser adictiva, ya que otorga al agresor una sensación de poder, además de permitirle liberar sentimientos reprimidos por años.

El problema de los estallidos de ira es que están fuera del control de la persona violenta. Es por eso que puede dañar a sus seres queridos. El cambio en la química cerebral en el instante en que se desata la furia hace que el individuo se desconecte de todo lazo afectivo. Incapaz de razonar o pensar en las consecuencias, sólo quiere destruir a quien esté enfrente. Esta manera de perder el control no puede corregirse con fuerza de voluntad: se requiere ayuda psiquiátrica. Las personas con este tipo de personalidad sufren mucho cuando se dan cuenta del daño que han causado a alguien que quieren, pues sienten gran culpabilidad;

realmente no desean que se repita, pero lo cierto es que seguirá ocurriendo mientras no acepten que tienen un problema y pidan ayuda.

Cuando el complejo de inferioridad es inmenso, el individuo pierde su capacidad para ligarse afectivamente y entonces actúa con brutalidad, porque no considera al otro un ser humano. Experimenta un tremendo sentimiento de impotencia y busca con frenesí sentirse poderoso; en ocasiones, la única emoción "poderosa" que encuentra es el odio. El amor es sólo una palabra que utiliza a su conveniencia; no experimenta la emoción del amor y es ese vacío es el que lo atormenta.

Al ejercer la violencia el individuo se desconecta emocionalmente, a partir de lo cual desaparece cualquier inhibición; de ahí que la violencia pueda alcanzar las formas más graves de destrucción. En el acto de crueldad, la persona no está consciente de que el otro es un ser que siente. Sólo así puede explicarse la conducta de los padres golpeadores, muchos de ellos sin necesidad de desconectarse emocionalmente, jamás fueron capaces para ligarse afectivamente con alguien.

La inseguridad y el temor que experimenta este tipo de persona son tan grandes, que es capaz de hacer cualquier cosa para deshacerse de ellos: emborracharse, drogarse o ponerse agresivo. En el momento de atacar, el miedo desaparece.

Como su identidad se basa en una imagen ilusoria, reaccionan cuando ésta se ve amenazada. Es por ello que no toleran ningún tipo de crítica y se defienden con violencia. Su narcisismo es como una burbuja de jabón: se ve muy bella, pero en cualquier momento desaparecerá por completo.

Su voracidad no tiene límites; se trata de una pasión desmedida, síntoma claro de un mal funcionamiento psíquico y un gran vacío interior.

Pero existe una patología aún peor: la del individuo que disfruta el sufrimiento del otro, causando él mismo el dolor. La crueldad del sádico es escalofriante. Atormentados por una enorme sensación de impotencia, estos individuos, frustrados por su incapacidad de conmover a otros y hacerse amar, compensan su desaliento y frialdad con la pasión de doblegar y hacer sufrir a los demás.

Pero además de la personalidad sádica existe otra que busca aniquilar. En sus primeras manifestaciones, el ansia por destruir se manifiesta en una atracción pasiva por los relatos de crímenes, las notas rojas de los noticieros, las películas violentas y las escenas de sangre y crueldad. El individuo busca excitación en su vida aburrida y ésta es la manera más rápida de obtenerla.

La línea entre el disfrute pasivo de la crueldad y las miles de formas de disfrute activo de la destrucción, entre el placer de hacer una broma y la acción brutal, es muy delgada.

Los sádicos no tienen contacto con nadie; sus relaciones son superficiales, no sienten ningún afecto ni son capaces de experimentar la alegría o el pesar. La vida no los motiva, son como muertos en vida. A diferencia de los depresivos, no tienden a culparse a sí mismos ni se preocupan por sus fracasos; tampoco se muestran melancólicos. La mayoría aparece perfectamente normal ante los ojos de los demás. Su insoportable sensación de aburrimiento e impotencia los hace cometer actos violentos para, con la reacción del otro, romper la monotonía de su existencia vacía. Dentro de la sociedad hay grupos que practican el culto a la destructividad, como es el caso del Ku-kux-klan.

El individuo con esta personalidad busca su realización en la destrucción y el odio, porque no tolera la insignificancia de su existencia, que está desarraigada socialmente. Quienes poseen un carácter optimista y favorable a la vida no se dejan seducir por el poder, mientras que los que no la tienen, buscan el poder absoluto sobre otro ser vivo.

Es fácil encontrar a alguien a quien mandar: un hijo, una esposa, un empleado o un animal. A estos individuos sólo los estimulan los seres débiles, nunca los fuertes.

La persona violenta teme a todo lo incierto. Su inseguridad es tan grande, que busca la comodidad de lo predecible; no le gustan las sorpresas, y ante la amenaza de verse rechazado siempre atacará. Sólo se relaciona cuando tiene el poder absoluto sobre el objeto de su amor. Puede torturar y matar, pero jamás llenará el vacío que siente: nunca dejará de ser un individuo sin amor, aislado del mundo y temeroso.

Es común que los individuos sádicos o destructivos actúen como personas generosas. Construyen esta imagen porque, en el fondo, son muy cobardes. Hitler, por *amor* a su país, destruyó a sus enemigos y a la Alemania misma; Stalin se decía *padre* de su patria y casi la aniquiló, y Mussolini, otro cobarde, aparentaba valor, pero temía a las sombras. Y aquí es donde vale la pena cuestionar el *valor* del macho mexicano y sus demostraciones de *valentía:* es absurdo que se le llame valiente a quien se emborracha, cuando en realidad no se trata sino de un cobarde que evade la realidad con el atontamiento del alcohol.

Son varios los factores que provocan el sadismo o la destructividad en una persona. Por un lado está la predisposición genética y, por otro, las idiosincrasias de la vida familiar y social, al igual que los sucesos excepcionales de la vida. La predisposición genética es sólo el terreno fértil, pero no es suficiente. El rechazo materno, los fracasos y la violencia familiar pueden hacer germinar en el carácter de un joven la violencia como modo de vida. Todas las condiciones familiares que conducen a un niño a sentirse vacío e impotente, así como las que causan miedo e inseguridad, son ingredientes importantes, lo mismo que la pobreza psíquica de un menor a quien nadie escucha. Los niños que no desarrollan lazos afectivos con su madre sienten una soledad intolerable, que más tarde se traducirá en frialdad.

Las experiencias traumáticas durante los primeros años de vida juegan un papel determinante en la formación del carácter, en particular aquellas que dieron lugar a resentimientos y al odio. Para defenderse el niño se vuelve insensible a las agresiones, y esta insensibilidad puede arraigarse en él.

Quien ama la vida quiere ser, no tener; prefiere construir que acaparar y conservar. Ante el miedo al fracaso, las personas inseguras prefieren no hacer el esfuerzo por construir. Para ellas siempre es más fácil destruir que construir.

En la mayoría de los individuos violentos encontramos una tremenda inseguridad, cobardía, sentimientos de impotencia, sensación de inferioridad, timidez, narcisismo extremo, falta de alegría y envidia a quien tiene las cualidades que ellos no poseen. Incapaces de ligarse afectivamente, exigen que se les ame a la fuerza.

Las personas destructivas son muy peligrosas: partidarias de la guerra, el racismo, el derramamiento de sangre y la aniquilación, muchas se convierten en ejecutores, terroristas, torturadores, celadores o verdugos.

Estas personas justifican todos sus actos violentos. Convencidos de que siempre tienen la razón, difícilmente reconocen tener algún problema, razón por la cual es casi imposible que pidan ayuda.

Existe otro tipo de padecimiento psiquiátrico: la personalidad psicopática, el caso extremo de los individuos. Incapaces de crear lazos afectivos, no sienten compasión ni remordimiento, de ahí que sean sumamente peligrosos. Un ejemplo es el secuestrador que mutiló a sus víctimas, quien con mirada gélida afirmó en una entrevista no haber sentido ningún remordimiento. Como no pueden sentir amor o ternura, carecen de amigos, sólo se rodean de las personas que les son útiles, ya sea como víctimas, público o admiradores.

Desgraciadamente, no se ha encontrado una solución psiquiátrica a este problema y quienes lo padecen terminan desde jóvenes en la cárcel o en la morgue. Hay que tener mucho cuidado con estas personas y alejarse de ellas. Aunque no todo el tiempo son violentas, pueden aprender a fingir aprecio y comportarse como los demás; sin embargo, son capaces de llevar a cabo actos abominables con una frialdad absoluta, como lo hizo Hitler en la Segunda Guerra Mundial.

La historia de Carlitos

Crecí en una familia de cuatro hermanos, dos mujeres y dos hombres. Soy la segunda y me sigue mi hermano Carlitos, a quien le pusieron el nombre de mi papá por ser el primer hombre.

Desde niño, Carlitos tenía un carácter diferente: hacía muchos berrinches y tenía problemas en la escuela, tanto de conducta como de disciplina. Siempre acababa peleándose con sus amiguitos y era muy mentiroso; contaba que los otros le habían pegado, robado, insultado; total, que siempre decía tener la razón. Lo peor es que mis papás le creían casi todo, y nosotros pensábamos que era así porque estaba muy consentido.

Mi hermana y yo dejamos de quererlo muy pronto. Era insoportable, teníamos que aguantar sus arranques de mal humor con gritos, patadas e insultos; además, nos robaba cualquier cosa que le gustara. Siempre hacía sus numeritos, cuando estábamos todos en el carro, listos para irnos de vacaciones a la playa, había que esperarlo una hora o más porque el niño estaba haciendo su berrinchito de que mejor no quería ir, mientras mi papá trataba de convencerlo, lo cual sólo lograba después de cumplirle algún capricho o darle dinero.

Fue creciendo y las cosas no cambiaron. En vez de madurar, empeoró. Pasó por nueve escuelas diferentes debido a que lo expulsaban por su conducta violenta. Como no le duraba ninguna amistad y nadie lo invitaba, teníamos que soportarlo metido en la casa. Jamás hacía algo por los demás, pero siempre exigía que se le cumplieran sus caprichos inmediatamente. Mi papá no quería darse cuenta de nada, a pesar de que mi hermano nunca se le acercaba para otra cosa que no fuera pedirle dinero o permisos. Le sacaba dinero con las mentiras más ingeniosas, como que se iba a inscribir en clases de tenis o de inglés. Muchas veces se inscribió en escuelas de idiomas, deportes, gimnasios, computación, música, pintura, pero jamás asistió más de tres veces a alguna de ellas.

Tenía 17 años y seguía igual, pero ahora sus arranques violentos ya nos daban miedo. Teníamos dos perritos que adorábamos, y un día los agarró a patadas; después estuvo torturando a los canarios con una vara. Mi hermano el más chico ha tenido que soportar su crueldad por mucho tiempo y también lo odia.

Cuando empezó a manejar, mi papá le compró un carro, a pesar de que ni la secundaria había podido terminar. Muy pronto tuvieron que ir a rescatarlo y pagar una fortuna, porque lo detuvieron por manejar borracho. Carlitos insultó al uniformado y, a patadas, le tiró la motocicleta. Lo que lo salvó fue ser menor de edad. En una ocasión, cuando apareció un arma en su mochila, afirmó que alguien la había introducido entre sus cosas y le creyeron.

Las conversaciones a la hora de la cena eran siempre iguales. Todos los días, a Carlitos le había ocurrido algo espectacular y desagradable: algún imbécil o una vieja idiota le habían hecho algo, o había presenciado una balacera o un atropellamiento. Llegaba a decir que lo habían asaltado y golpeado, aunque nunca le vimos ni un moretón.

No podíamos quejarnos, porque mi papá decía que nosotros lo tratábamos mal; según Carlitos, las hermanas éramos las brujas; él nos acusaba diario y mi papá le creía todas sus mentiras. Así que tratando de llevar la fiesta en paz, hacíamos todo para no exaltar a nuestro hermano. No lo contradecíamos, poníamos cara de que le creíamos todo y nos aguantábamos y reprimíamos el coraje que nos daba su falta de consideración hacia los demás, incluyendo el hecho de que nos robara.

Todas la sirvientas se fueron porque Carlitos las trataba mal; les exigía que lo atendieran todo el día. Sin importar la hora, pedía que le sirvieran el desayuno o que le plancharan tal pantalón. Les gritaba y las ofendía hasta que se iban; según mis papás, todas eran rateras y malagradecidas; pero una noche yo lo vi salir del cuarto de una de ellas y al día siguiente ella desapareció.

Cuando cumplí 19 años, mi hermana y yo conocimos a un psiquiatra en la boda de una amiga. Entre broma y broma le dijimos que iríamos a verlo porque las dos nos estábamos volviendo locas. Pero él no lo tomó en broma, y nos hizo muchas preguntas para saber lo que pasaba. Después de escuchar nuestras historias, en las que el protagonista siempre era Carlitos, nos ofreció recibirnos en su consultorio sin cobrar para hablar seriamente con nosotras.

Fuimos al día siguiente, creyendo que realmente se había dado cuenta de que estábamos necesitadas de ayuda, pero lo que nos dijo fue una sorpresa: nos dio una cátedra sobre el padecimiento de mi hermano y nos recomendó seriamente alejarnos de él porque era un individuo peligroso.

Con mucho trabajo, entendimos que el problema era serio y que, por el momento, nosotras no podíamos hacer nada por nuestros papás ni por nuestro hermano menor.

Las dos conseguimos empleos de medio tiempo, porque ya estábamos en la universidad, gracias a Dios en la UNAM, en donde las colegiaturas no son elevadas, y nos fuimos a vivir a un departamentito, cerca de la universidad.

La salida de la casa fue horrible. Mis papás reaccionaron muy mal y no entendieron, o no quisieron entender nuestros motivos. Les dimos una fotocopia con la descripción de la enfermedad de mi hermano y mi papá, fúrico, la rompió. No la leyó. A gritos empezó a alegar que Carlitos era muy inteligente, que no era retrasado mental y que nosotras estábamos atentando contra su prestigio. Hasta nos amenazó para que no anduviéramos diciendo por ahí a los conocidos que nuestro hermano estaba loco.

A mi hermano menor le ofrecimos nuestra ayuda cuando la necesitara, y lo invitamos a vivir con nosotras en el momento en que consiguiera el permiso o, si no, cuando tuviera 18 años. Pero antes de cumplirlos ya estaba viviendo con nosotras. A las mascotas las pudimos rescatar porque eran nuestras.

La comunicación con mis papás se cortó y nunca volvimos a hablarnos. Nos enteramos de dos o tres ocasiones en que Carlitos fue detenido por la policía, y de una en que fue atendido en el hospital por una sobredosis de droga (me imagino que con el cuento de que se la pusieron en la bebida). También sabemos que sigue sin amigos ni amigas, y que se le conoce como el más sangrón y presumido de la colonia; todo mundo le saca la vuelta.

Desconocemos cuántas veces tuvo problemas con la justicia, pero la última vez asesinó a un tipo. Lo molió a golpes en un establecimiento que contaba con cámaras de televisión. No supimos ni quisimos conocer los detalles; nos bastó saber que había pruebas suficientes y que se quedaría muchos años encerrado sin que los abogados de mi papá pudieran hacer nada.

Antes sentía lástima por mis papás cuando pensaba que realmente trataron de formar una familia unida, pero ahora no siento nada. Sé que no fue su culpa que mi hermano estuviera enfermo, pero nosotros también éramos sus hijos y nunca se pusieron de nuestro lado. Ninguno de los tres los buscamos ni ellos a nosotros.

6. ¿QUÉ HACER?

El abuso jamás debe ser negado, minimizado o disculpado. El gran reto de las víctimas que han reconocido que se encuentran atrapadas en una relación destructiva es encontrar la manera de salir de ese círculo de abuso y dependencia.

Cómo lidiar con una persona violenta

Convivir con una persona violenta no es fácil, especialmente cuando se es joven. Pero uno puede aprender a reconocer los indicios de un ataque violento y ponerse a salvo.

Los estallidos violentos parecen surgir intempestivamente. Sin embargo, hay señales que anuncian la tempestad. Recordemos que el proceso es desencadenado por un cambio en la química cerebral.

Suele haber una primera fase en la que aparece la tensión: la persona se ve de mal humor, nerviosa, poco tolerante e impredecible.

Muchos hijos aprenden a reconocer en el comportamiento violento de sus padres los patrones que preceden a un ataque, y algunos logran evitar las agresiones. Siempre hay un patrón; cuando uno aprende a reconocerlo, puede proceder de acuerdo con su propio plan para desaparecer antes de que el ataque inicie.

En la segunda fase, cuando la persona estalla como un volcán, comienza la agresión verbal, probablemente seguida de golpes u otro tipo de ataque físico.

En la tercera etapa, que puede darse inmediatamente después u horas más tarde, el agresor se convierte en un ser encantador, y es posible que pida perdón o trate de reconciliarse mediante regalos y muestras de un cariño desbordante. Asimismo, prometerá que jamás volverá a suceder. Es ante esa promesa cuando la víctima suele caer realmente en sus garras, ya sea porque le cree, porque quiere creerle o porque acepta el maltrato para obtener más tarde esas demostraciones.

Al aceptar las disculpas y la reconciliación, lo único que está haciendo la víctima es garantizarse una próxima golpiza. El patrón se repetirá una y otra vez, en un círculo vicioso de abuso-reconciliación, que será cada día más difícil romper. Si tú creciste en un hogar en el que se daba este patrón de promesas jamás complidas, es probable que te parezca una dinámica normal en las relaciones, pero no lo es.

Un comportamiento impecable no servirá para prevenir el ataque. Uno de los problemas más graves de la víctima de una relación destructiva es que desea que termine la violencia, pero no la relación. Por esa razón necesita creer en las promesas de su agresor. Pero es un hecho que éste continuará con los estallidos hasta que reconozca por sí mismo que tiene un problema y busque ayuda psiquiátrica.

Algunos hijos aprovechan este círculo vicioso para sacarle dinero a su papá y permisos cuando está en la etapa del arrepentimiento. Parece un buen negocio, pero no lo es. Al aceptar algo a cambio, la víctima le está dando autorización a su agresor para que lo siga golpeando; el daño psicológico es tremendo, pues lo más seguro es que la víctima se relacione después de la misma manera en la vida adulta: encontrará una pareja o un jefe abusador y repetirá el patrón de humillación-premio.

Vivir en la violencia cotidiana no es vida: es una forma de existencia desgarrada que debe repararse. El primer obstáculo para resolver el problema es afrontar la negación. El no querer ver o aceptar que existe la violencia sólo hace que ésta aumente.

Es imposible que alguien haga cambiar al individuo violento: únicamente él mismo puede hacerlo. Es su responsabilidad aceptar que tiene un problema y buscar ayuda para eliminar su propia violencia. Pero también es responsabilidad de la víctima, que se mantiene en esa relación de dependencia con su agresor, tomar las riendas de su vida y romper el círculo de violencia familiar que se repite generación tras generación.

ROMPER EL SILENCIO

El *primer paso* es hablar. El silencio de una víctima de cualquier tipo de violencia es el principal aliado de su agresor.

Hay varios motivos por los que una persona maltratada no se atreve a hablar, uno de ellos es el miedo. El temor a desencadenar la ira del agresor es enorme, por lo cual es muy importante saber elegir a la persona a la que se va a confiar el problema. Debe ser alguien de confianza, que sepamos que no va a contárselo a todo el mundo, alguien que sepa escuchar. Puede ser un amigo o un maestro, pero lo ideal, si se tiene la posibilidad, es recurrir a un terapeuta.

Las agresiones físicas, en particular el abuso sexual, son un delito penado por la ley y deben ser denunciadas. Es muy importante conocer cómo funciona el sistema penal en la localidad. Cuando se denuncia un delito, las pruebas son indispensables para que el juez dicte una sentencia justa. Si una persona denuncia que fue golpeada cuando han desaparecido los moretones, es probable que no le crean; pero si lo hace inmediatamente después de la agresión, estará presentando pruebas. Los testigos son igualmente útiles: pueden ser los vecinos u otro integrante de la familia que esté dispuesto a declarar, o también un médico que haya realizado curaciones frecuentes.

Es importante saber que cuando se denuncia a un agresor ante la ley no sólo se está poniendo a salvo uno mismo, sino que se está salvando a otras posibles víctimas, por ejemplo, a los hermanos menores.

La dependencia económica puede ser el motivo por el que un joven que está estudiando se vea obligado a seguir conviviendo con un padre violento; sin embargo, a partir del momento en que perciba las primeras señales que anuncian la tempestad, puede elaborar un plan para ponerse a salvo; este plan debe ser práctico, como irse a casa de un amigo o de los abuelos.

El *segundo paso* para liberarse de una dependencia es elevar la autoestima. Hacer todo aquello que le devuelva la confianza en sí mismo: frecuentar amistades no abusivas, leer libros de autoestima, hacer ejercicio eligiendo un deporte que le guste o realizar aquello para lo que tiene aptitudes. Pero lo mejor es acudir a una terapia; algunas escuelas cuentan con apoyo psicológico, así como ciertas instituciones. Los grupos de apoyo, como los de jóvenes hijos de alcohólicos, son muy efectivos, además de gratuitos.

Muchos jóvenes maltratados creen que tienen la culpa de las agresiones que reciben. Es importante saber que nadie es culpable y mucho menos ellos. Es indispensable liberarse de los sentimientos de culpa para poder recuperar la autoestima.

El *tercer paso* es terminar con la relación de manera tajante y definitiva cuando se trate de amistades o de la pareja, y cortar la comunicación. Si se trata del padre o la madre, hay que hacer todo lo necesario para salirse de la casa. A veces se requiere mucho valor, pero no es imposible hacerlo; hay muchos jóvenes que se las arreglan para estudiar y trabajar al mismo tiempo. Tal vez vivan con menos comodidades, pero es una situación temporal; lo importante es que están salvando su salud mental.

El *cuarto paso* es buscar ayuda para resolver el problema de la dependencia, pues si esto no se soluciona, lo más seguro es que la víctima encuentre a otro sádico en su vida y se enganche con él. Tiene que aprender a poner límites en sus relaciones, sin importar qué tan fuerte sea la necesi-

dad de ser aceptado; no debe permitir que nadie, absolutamente nadie, sobrepase los límites de la propia integridad
física y emocional.

Testimonio de una joven de 18 años

Mi papá tomaba mucho desde que yo era muy chica. Recuerdo el pánico que sentía cuando lo veía servirse la primera cuba. No me gustaba cuando estaba borracho, aunque
normalmente era muy cariñoso y me compraba muchas
cosas. Mi mamá lo trataba como si fuera el rey. Lo atendía
a la hora que fuera. Si llegaba en la madrugada, se levantaba a prepararle sus enchiladas.

A mi papá le empezó a ir mal en su negocio y tuvo que
vender la casa y uno de los coches. Nos fuimos entonces a
vivir a un departamento, y ahí recuerdo que cuando regre-
sábamos de la escuela, él todavía no se levantaba. Mi mamá
empezó a hacer suéteres de niña para venderlos, pero aun
así teníamos que deshacernos cada día de más cosas para
sobrevivir.

Una noche mi papá apareció muy borracho y le exigió
a mi mamá las escrituras del departamento porque, según
él, estaba cerrando un negocio buenísimo con un tipo que
lo estaba esperando en un bar. Ella le dijo que debía buscar-
las y que se iba a tardar; así que mi papá se regresó al bar, diciendo que volvería al departamento en una hora. Mi mamá le habló a mi abuelo y éste apareció ahí como de rayo; le
dijo a mi mamá que tomara las famosas escrituras y nos subió a su coche con lo que traíamos puesto. La tonta de mi
mamá todavía se negaba a subirse al coche.

No volvió con mi papá porque mi abuelo no la dejó.
Ella se consiguió un trabajo y nos fuimos a vivir a un multi-

familiar. Por algún tiempo volvió a salir con mi papá y cada vez que se veían se peleaban. Él ya estaba quebrado.

Un día apareció el famoso Lucio y se enamoraron. Cuando nos dimos cuenta, él ya vivía en nuestra casa y daba órdenes. No ponía dinero, pero hacía promesas de comprar una casota en Querétaro, a la que nos mudaríamos y donde iba a tener a mi mamá como reina. Eso nunca pasó; mi mamá siguió trabajando y nos mudamos, sí, pero a un pueblito en las afueras de la ciudad donde todo quedaba lejos.

El tal Lucio convenció a mi mamá de que no me diera permiso de ver a mis amigos porque eran mala influencia. Después la convenció de que mis primos y mis tíos, ¡los hermanos de mi mamá!, eran mala onda y también me prohibió verlos.

Tuve una discusión con Lucio y desde ese momento no nos dirigimos más la palabra. Para mi mamá, la culpable era yo, por lo que empezó a tratarme como si fuera su enemigo.

Yo ya estaba a punto de cumplir 18 años y vivía encerrada en esa casa, alejada de todo, obligada a ver la cara de ese vago y aguantando las acusaciones de mi mamá.

Un día no pude más y me largué. No a casa de mi papá, porque no tenía dinero ni quería presenciar sus borracheras; así que me fui con una de mis tías que me quiere mucho. Me aceptaron en la UNAM y estoy trabajando como edecán en eventos; aunque gano muy poco, me alcanza para mis gastos.

Extraño mucho a mis hermanos, que son más chicos que yo. No me dejan verlos ni hablar con ellos. Sólo espero que cuando crezcan también se salgan de ahí y que el fulano ése no les haga mucho daño.

Mi tía me felicitó por haber tenido los pantalones de irme; me dijo que eso era señal de que yo no estaba enferma como mis papás. Lo que sí tengo claro es que jamás me casaré con un borracho ni con un vago y que, si tengo hijos, siempre voy a estar de su lado.

Qué puede hacer la víctima

> *"Por qué he de ser yo quien acepte el error, el que siempre se humilla, el que pide perdón, quien evita que acabe cada vez nuestro amor, el que te hace más fuerte siendo el perdedor."*

> (Intocable)

Como hemos visto, gran número de víctimas se encuentra indefensa ante su agresor y requiere ayuda de la sociedad y de las instituciones.

Muchas víctimas de maltrato viven esperando que su agresor cambie o muera. Viven convencidas de que la violencia sólo está en el otro, pero no es así. Si eres víctima de la agresión cotidiana, estás colaborando con esa violencia y, si bien el otro no hará nada por abandonar su papel de tirano, tú sí puedes dejar de ser víctima, pedir ayuda y tomar las riendas de tu vida.

Es importante decidirse a no colaborar más con el agresor. La *no colaboración* fue la columna vertebral del movimiento que liberó a millones de personas de la más cruel segregación racial en Estados Unidos en el siglo pasado. El gran líder Martin Luther King encabezó un movimiento masivo *no violento* en el que la lucha no consistía en atacar al represor sino en no colaborar con él. Toda la gente de color percibía y padecía la injusticia, pero sólo él se dio cuenta de que ellos mismos estaban colaborando al permitirla. Para movilizar a las masas, en vez de recurrir a un grito de guerra, sensibilizó la conciencia del oprimido.

Lo que ocurría en un nivel masivo en tiempos de la esclavitud y después con la segregación racial en ese país, sucede en un nivel individual en cada relación destructiva. Las mismas palabras que el doctor King lanzó a sus hermanos oprimidos para que se liberaran pueden aplicarse a cada víctima de la opresión y el maltrato. Si eres víctima, te recomiendo que leas detenidamente los siguientes pensamientos del doctor King y reflexiones si no van dirigidos también a tu persona:

Quien acepta el mal pasivamente está tan mezclado con él como el que ayuda a perpetrarlo. El que acepta el mal sin protestar colabora con él.

Cooperar pasivamente con un sistema injusto hace al oprimido tan malvado como al opresor.

Nunca debemos dejar que nadie nos empuje tan abajo que sea fácil odiar.

Sería cobarde e inmoral a la vez que aceptáramos pacientemente la injusticia.

Cuando los individuos oprimidos aceptan gustosamente la opresión, esto sólo sirve para darle al agresor la justificación conveniente a sus acciones.

La opresión ejercida por el tirano, muchas veces sin que éste advierta ni reconozca el mal, dura tanto tiempo como la aceptan los oprimidos.

El movimiento iniciado por el doctor King no sólo liberó a sus hermanos contemporáneos de la violencia de que eran objeto, sino que liberó a todas las generaciones futuras. Si decides terminar con la violencia familiar que se ejerce en tu contra, te estarás liberando tú y a las generaciones que vienen detrás. Si permites que continúe, probablemente las estás condenando a vivir en un infierno.

ROMPER EL CICLO DE VIOLENCIA

La violencia doméstica suele transmitirse de generación en generación, hasta que un miembro de la familia decide hacer algo para ponerle fin al ciclo. El niño golpeado crece con una inmensa ira reprimida, que se ha ido acumulando como en una olla de presión. Es esta ira la que más tarde descargará contra sus propios hijos, repitiendo el ciclo de violencia una y otra vez.

Algunos individuos maltratados, al alcanzar la edad adulta, son capaces de considerar los hechos y darse cuenta de que la conducta de sus padres fue excesiva; otros quedan atrapados entre la culpa y el resentimiento y no logran descifrar lo que sucedió, y otros más repiten el patrón de conducta con sus propios hijos o con su cónyuge.

Los padres y madres golpeadores no son capaces de controlar sus impulsos. La mayoría de ellos describe sus arranques como una fuerza incontrolable que les nubla la vista y les impide estar conscientes de las consecuencias de sus actos.

Quienes alguna vez fueron golpeados suelen formular juicios incoherentes y expresar emociones contradictorias.

Cuando se vuelven golpeadores no pueden soportar la culpa de haber lastimado a su hijo, y entonces se justifican racionalizando lo que ocurrió hasta que se convencen de la maldad del niño y deciden que él es el culpable.

Si en la infancia fuiste víctima de abuso sexual, seguramente presentas algunos de los siguientes síntomas: tendencia a culparte, depresión, comportamiento o pensamientos destructivos, problemas sexuales, intentos de suicidio o abuso de alcohol o drogas. Si te encuentras en esta situación, necesitas una terapia que te ayude a desprenderte del pasado. Si actualmente estás siendo víctima de abuso sexual, es urgente que pidas ayuda. La creencia de que la ropa sucia se lava en casa mantiene en el silencio a muchas víctimas de la violencia.

La terapia, ya sea de grupo o individual, es muy importante para trabajar con las emociones. El enfermo emocional en vez de *responder* a una situación, *reacciona*. Es esclavo de las emociones y éstas dominan su vida. No hay píldora para curar esta enfermedad: se requiere una decisión firme para enfrentar el trabajo en una terapia. El enfermo emocional necesita estar dispuesto a tomar las riendas de su propia vida; nadie puede hacerlo por él. Debe aceptar la responsabilidad de todo lo que le ocurre, porque mientras siga culpando a los otros continuará hundiéndose en su infierno emocional.

¿ERES VÍCTIMA DE MALTRATO?

La persona con quien te relacionas:
    ¿Te persigue todo el tiempo?

¿Te acusa constantemente de serle infiel y te tortura con sus celos?

¿Se opone a tus relaciones con otras amistades?

¿Te prohíbe trabajar o asistir a la escuela?

¿Te critica por cosas pequeñas?

¿Se pone iracunda fácilmente luego de beber, consumir drogas o cuando la contradices?

¿Te humilla delante de otras personas?

¿Destruye tus pertenencias?

¿Te pega, golpea, abofetea, patea o muerde?

¿Utiliza o amenaza con usar un arma contra ti?

¿Amenaza con hacerte daño?

¿Te obliga a tener relaciones sexuales contra tu propia voluntad?

Si tu respuesta a las preguntas anteriores es "Sí", es hora de pedir ayuda. La solución está en tus manos, no ignores el problema; la negación es tu peor enemigo, la responsable de que la situación continúe. Tal vez abrigues la esperanza de que no se volverá a repetir, que la última haya sido en verdad "la última", pero, lo más probable es que no sea así, aun cuando hayas recibido disculpas, regalos y promesas.

Mantener la situación en secreto protege y otorga poder a quien te maltrata; así que debes hablar con alguien cuanto antes. Es posible que sientas vergüenza y no desees que nadie se entere de tus problemas íntimos familiares. Lo que debes hacer es dirigirte a un amigo, un familiar o un vecino, que te aprecie y sea discreto. Si no confías en nadie, llama a algún teléfono de auxilio doméstico o acude al centro de salud en tu localidad para hablar con un consejero.

Es necesario que hagas un plan por adelantado y decidas lo que vas a hacer en caso de recibir un nuevo ataque. Si decides irte, escoge el lugar a donde irás.

Aprende a pensar de forma independiente. Trata de hacer planes para el futuro y establecer metas personales.

Si recibes agresiones físicas, debes protegerte: puedes llamar a la policía o a la PGR. La agresión, aun por parte de los miembros de la familia, es un crimen.

Si has sido golpeado, ve a la sala de emergencia de un hospital. Solicita al personal que tome fotografías de tus heridas y mantén un récord detallado de pruebas por si acaso decides tomar acción legal. La demanda legal no es un acto de venganza: es un derecho, un mecanismo formulado por la ley para tu protección.

Al final de este capítulo encontrarás una lista de algunos centros de ayuda, públicos y privados, a los que puedes acudir.

Si viviste en una familia en la que la violencia o las faltas de respeto eran lo cotidiano, seguramente creciste con miedo o imitarás esas conductas. Quizás hayas aprendido a mantenerte fuera del campo de batalla guardando silencio y, seguramente, reprimiendo tus sentimientos. Tal vez ahora no sepas cómo expresar lo que sientes abierta y directamente porque no te lo permitieron en la infancia.

Los mismos mecanismos que te ayudaron a sobrevivir en un hogar violento son los que ahora te estorban para hacer nuevos amigos, acercarte a otras personas o dar tu punto de vista.

Muchos niños aprenden que es mejor no pedir lo que realmente quieren, porque si lo hacen, reciben un grito o una gran cantidad de promesas que nunca se cumplen. Les es más familiar escuchar comentarios negativos que positivos. El problema con los mensajes negativos es que internamente los creen. Si por años un niño escuchó comentarios como: "Eres un inútil", "Sólo dices tonterías", la imagen que se forma de sí mismo es la de un ser inútil y tonto.

La incertidumbre en la que viven los niños en una familia violenta disminuye su autoestima a tal grado, que pueden tener gran dificultad para expresarse cuando llegan a la adolescencia. Probablemente temen que los demás descubran que son unos "tontos", como tantas veces los calificaron en su casa. Otros asumen que lo correcto es tratar a los demás en forma agresiva, porque es la única manera de relacionarse que conocen.

Una vez que reconoces estos comportamientos en ti, puedes cambiar y desechar los que no te sirven. También puedes cambiar tu forma de reaccionar ante ciertas actitudes de otras personas, si consideras que te hace daño. Recuerda que es imposible hacer que los otros cambien; debes dejar de preocuparte por lo que piensan de ti y ya no actuar para tratar de agradar todo el tiempo a los demás. Tienes que tomar las riendas de tu vida.

¿HAS LASTIMADO A ALGUIEN QUE QUIERES?

Para saber si eres violento basta con responder "sí" a esta única pregunta. La respuesta debe ser "sí" o "no", sin ambigüedades, como: "Bueno, sólo una vez". ¿Has lastimado a alguien que quieres? Antes de responder, toma en cuenta que no estamos hablando sólo de lastimar físicamente; la pregunta incluye cualquier tipo de herida, emocional o psicológica. Respóndete a ti mismo y verás que no existe el "sólo una vez".

Si recurres a la violencia física, debes estar consciente de que cuando atacas a otra persona estás violando la ley. Asume la responsabilidad por tus acciones y busca ayuda: eres una persona enferma y requieres tratamiento. Tu enfermedad no se detiene con juramentos ni propósitos de año nuevo; sólo se detiene si recibes la ayuda adecuada. El hecho de que estés enfermo no justifica ningún acto violento; tú eres el único responsable. Cuando sientas que aumenta la tensión, retírate. Utiliza la energía proveniente de tu ira para caminar, correr o practicar algún deporte. Llama a una línea de ayuda para casos de violencia doméstica o acude a un centro de salud y averigua acerca de los servicios de consejeros y grupos de apoyo para las personas que maltratan.

Mientras no hagas algo al respecto, te arriesgas a ser suspendido en la escuela, a perder amistades, a lastimar a alguien de tu familia o a terminar en la cárcel. Reconoce que cuando tienes un arranque violento no eres capaz de detenerte y, por tanto, no sabes hasta dónde puedes llegar. El primer paso para resolver tu problema es la aceptación, y mientras más pronto mejor.

Lo más eficaz para detener la violencia es analizar el punto en donde se genera. Es necesario dirigir la mirada hacia la propia familia y hacia uno mismo para ver y aceptar las distintas formas de violencia que ejercemos. Aunque vivamos en una familia en la que no hay golpizas u objetos voladores, es probable que, sin embargo, se esté ejerciendo una violencia sutil y constante. Es posible que no te consideres violento porque jamás agredes física o verbalmente a los demás, pero puedes ser tremendamente violento contigo mismo en tu interior. Los resentimientos , los deseos de venganza y el odio reprimido son profundamente violentos y, aunque no te des cuenta, te dañan a ti y a tus seres queridos.

Tal vez no ataques a tus hermanos, pero sí lastimes al perro de tu casa o a alguno de la calle. La crueldad contra cualquier animal, el deseo de causarle daño, es violencia. Hay quienes sienten la necesidad de demostrar su superioridad torturando a los animales. La única razón es que, en el fondo, se sienten tremendamente inferiores. Una persona sana no requiere demostrarse a sí mismo ni a los demás que es poderoso.

En 1993 se fundó en México la organización civil Coriac (Colectivo Hombres por Relaciones Igualitarias, A.C.) como una propuesta reeducativa y autocrítica orientada a disminuir la violencia masculina. En este colectivo participan hombres que reconocen ser violentos y hacen un esfuerzo admirable por resolver su problema por medio de grupos de autoayuda. Estos individuos han reconocido que "la violencia intrafamiliar es uno de los actos más destructivos y deshumanizantes de las sociedades, causa estragos en los individuos, familias e incluso naciones; desde ella se gestan, reproducen y potencian personalidades y relaciones de odio, abuso, intolerancia, desigualdad y autoritarismo".

Son pocos los hombres que admiten su propio ejercicio de abuso de poder y de violencia, y muy pocos los que reconocen que recurren a ella para recuperar su prestigio, control o poder sobre otros. Se necesita ser muy hombre y muy maduro para alcanzar este grado de reconocimiento y aceptación, porque precisamente es el *poco hombre* el que busca reafirmarse a través del dominio de otro. Este tipo de individuo siempre trata de ocultar al varón emocional que existe debajo de la máscara que presenta al mundo y no se permite expresar sus sentimientos y, mucho menos, llorar.

Los hombres que acuden al Coriac han debido reconocer que son violentos y están dispuestos a aceptar la responsabilidad del daño que se hacen ellos mismos, a sus familias y a la comunidad. El programa los apoya para que sean capaces de comprender de dónde proviene su violencia y cuestionen las creencias aprendidas y asimiladas que los llevan a actuar violentamente.

Los jóvenes no deben esperar llegar a la edad adulta para reconocer que tienen un problema, cuando tal vez ya destrozaron parte de su vida. La violencia no es algo que aparece hasta los treinta años. Estos hombres fueron violentos de jóvenes pero, al no haber pedido ayuda a tiempo, la violencia fue creciendo hasta alcanzar grados intolerables.

La participación directa de los jóvenes en la desarticulación de la violencia es esencial para eliminarla en nuestra sociedad. Detener la violencia es un reto para los que la ejercen: deben adquirir la habilidad para saber cómo conducir sus vidas expresando su verdadero yo interno, sin recurrir a ninguna demostración de supremacía ni de control externo sobre otras personas.

Existen otras opciones para frenar la propia violencia. Una de ellas es la terapia, de grupo o individual, que ayuda a la persona a ver lo que parece estar oculto y requiere traerse a la luz para que haya un alivio. Otra opción es el perdón, visto como un proceso liberador, que se plantea con claridad en libros, como *La magia del perdón*, de Martínez Peniche, Ed. Grijalbo.

Las personas adictas cuentan con uno de los mejores sistemas de recuperación: los doce pasos que manejan los grupos anónimos. Hay centros de atención en casi todo el país, públicos y privados, tanto para las víctimas de maltrato como para las personas violentas. Las alternativas existen: sólo es cuestión de aceptar que se tiene un problema, tanto si se es agresor como víctima, y buscar ayuda.

CENTROS DE ATENCIÓN EN MÉXICO

Distrito Federal

VÍCTIMATEL: 56 25 72 12 – 56 25 71 19
LOCATEL: 56 58 11 11
SAPTEL (Sistema Nacional de Apoyo Psicológico por Teléfono), Cruz Roja Mexicana: 53 95 11 11 – 53 95 06 60
Instituto Nacional de la Mujer: 52 56 00 96 – 52 11 65 68
CETATEL (Ayuda en crisis 24 hrs.): 55 75 54 61

Direcciones de Unidad de Atención a la Víctima Familiar (Uavif):
Delegación Azcapotzalco: 53 19 65 50
Delegación Benito Juárez: 55 90 48 17 – 55 79 16 99

Delegación Cuajimalpa: 58 12 25 21
Delegación Gustavo A. Madero: 57 81 96 26
Delegación Iztacalco: 56 54 44 98
Delegación Iztapalapa: 59 89 01 92
Delegación Magdalena Contreras: 56 81 27 34 – 56 52 19 86
Delegación Tlalpan: 55 13 98 35
Delegación Venustiano Carranza: 55 52 56 92
Delegación Xochimilco: 56 75 82 70

Módulo Ciudadano para la Orientación en Salud y
Derechos Sexuales y Reproductivos:
Red por la Salud de las Mujeres en el D.F.
Centro de Salud Dr. Manuel Márquez Escobedo
Joaquín Pardavé 10, Col. Hogar y Redención
Delegación Álvaro Obregón, D.F.
Programa de atención y canalización de quejas y denuncias:
55 39 44 84

Fiscalía para Delitos Sexuales
Av. Coyoacán 1635 PB, Col. Del Valle
México, D.F., 13100
Teléfono: 52 00 92 60

Agencias especializadas en delitos sexuales:
Delegación Miguel Hidalgo: 56 25 82 40
Delegación Venustiano Carranza: 56 25 77 81
Delegación Coyoacán: 56 25 93 93 – 56 25 93 72
Delegación Gustavo A. Madero: 56 25 80 93

Fiscalía para Menores
Fray Servando Teresa de Mier 32, 3er. piso, Col. Centro
México, D.F., 06080
Teléfono: 51 30 86 94

Asociación para el Desarrollo Integral de Personas Violadas,
  A.C. (Adivac)
Pitágoras 842, Col. Narvarte
México, D.F., 03020
Teléfono: 56 82 79 69
Fax: 55 43 47 00

Centro Integral de Apoyo a la Mujer (CIAM),
  Secretaría de Gobierno de la Ciudad de México:
Delegación Álvaro Obregón: 53 41 44 29 – 53 41 11 00
Delegación Azcapotzalco: 53 19 98 73
Delegación Benito Juárez: 56 72 75 23
Delegación Coyoacán: 56 58 70 60 – 56 58 51 80
Delegación Cuajimalpa: 58 12 14 14
Delegación Gustavo A. Madero: 57 81 02 42 – 57 81 43 39 –
  53 19 98 73
Delegación Iztacalco: 56 33 99 99
Delegación Iztapalapa: 56 85 25 46
Delegación Magdalena Contreras: 55 95 92 47
Delegación Miguel Hidalgo: 52 72 79 66 – 55 15 17 39 –
  55 16 39 73
Delegación Milpa Alta: 58 44 07 89 al 93, ext. 242
Delegación Tláhuac: 58 42 84 48
Delegación Tlalpan: 55 73 21 96 – 55 13 59 85
Delegación Venustiano Carranza: 57 64 23 67
Delegación Xochimilco: 56 75 11 88 – 56 76 96 12

Centros de Atención a la Violencia Intrafamiliar de la PGJDF
  (CAVI):
Dr. Carmona y Valle 54, 1er. piso, Col. Doctores
Atención: lunes a viernes de 9:00 a 20:00 horas
Teléfonos: 52 42 62 46 – 52 42 62 47 – 52 42 62 48
Fray Servando Teresa de Mier 32, 1er. piso, Centro

Atención: sábados, domingos y días festivos de 9:00 a
20:00 horas
Teléfonos: 56 25 96 32 – 56 25 96 33 – 56 25 96 35

Asociación Mexicana contra la Violencia hacia las Mujeres
(COVAC)
Atenor Salas 113 int. 3, Col. Narvarte
México, D.F.
Teléfono: 54 40 13 42

Defensoras Populares
Luis G. Vyeira 23 int. 3, Col. San Miguel Chapultepec
México, D.F., 11580
Teléfono: 55 63 78 15

Colectivo de Hombres por Relaciones Igualitarias (Coriac)
Diego Arenas Guzmán 189, Col. Iztacíhuatl
México, D.F., 03520
Teléfono: 56 96 34 98

Programa de Atención a Víctimas y Sobrevivientes de
Agresión Sexual (Pavisas)
Facultad de Psicología de la UNAM
Teléfono: 56 22 22 54

Instituto Latinoamericano de Estudios de la Familia (ILEF)
Av. México 191 (entre Viena y Madrid), Col. Del Carmen
Coyoacán, México, D.F., 04100
Teléfonos: 56 59 05 04 – 55 54 56 11

Instituto Personas, atención psiquiátrica y psicológica para
niños, adolescentes y adultos. Terapia familiar y de pareja
Capuchinas 10 int. 104, Col. San José Insurgentes

México, D.F., 03900
Teléfonos: 56 15 01 73 – 56 11 55 20

Centro Mexicano de Atención a la Violencia Intrafamiliar y
    Sexual (Cemavise), asesoría psicológica, jurídica, social y
    pedagógica. Atención a víctimas de violencia individual,
    de pareja, familiar y de grupo
Andrea del Sarto 2, Col. Nonoalco Mixcoac
México, D.F., 03700
Teléfonos: 55 47 53 50 – 55 47 61 27

Grupo de Familias Al-Anon, oficinas centrales
Río Guadalquivir 83, 2o. piso, Col. Cuauhtémoc
México, D.F., 06500
Teléfonos: 52 08 21 70 – 52 08 30 70
Cuotas: bajas
Horario: lunes, jueves y viernes de 18:00 a 20:00 horas
Servicios: grupos de autoayuda para familiares de personas que
    padecen alcoholismo

Asociación Mexicana de Psicoterapia Analítica de Grupo
    (AMPAG), psicoterapia psicoanalítica en grupo, psicoterapia
    individual, en familia o por grupo
General Molinos del Campo 64, esq. Ignacio Esteba, Col. San
    Miguel Chapultepec, a dos cuadras del metro
    Constituyentes
México, D.F., 11850
Teléfonos: 55 15 10 41 – 52 73 74 01

Salud Integral para la Mujer (SIPAM), asesoría legal
    y atención psicológica
Vista Hermosa 95 bis, Col. Portales, cerca del metro Ermita
México, D.F., 03300
Teléfonos: 55 39 96 74 – 55 39 96 75 – 55 39 96 93

Centro de Apoyo a la mujer "Margarita Magon", asesoría legal,
   atención psicológica y médica
Dr. Navarro, esq. Dr. Lucio, Edificio Centauro, depto. 204,
   Col. Doctores
México, D.F., 06720
Teléfono: 55 88 81 81

Centro de Atención a la Mujer (CAM), atención
   psicoterapéutica y médica. Asesoría legal, trabajo social y
   bolsa de trabajo
Av. Toltecas 15, entre Mario Colín y Guerrero, Col. San Javier
Tlanepantla, Estado de México, 54030
Teléfono: 55 65 22 66
Servicio gratuito

Red de Grupos para la Salud de la Mujer y el Niño, A.C.
   (Regsamuni), educación en salud, asesoría sobre sexualidad
   y nutrición, medicina, herbolaria y lactancia
Av. Revolución 1133, depto. 3, Col. Mixcoac
México, D.F., 03910
Teléfono: 55 93 53 36

Consejo para la Integración de la Mujer (CIM), asesoría
   psicológica y jurídica
Puente de Alvarado 72, 2o. piso, Col. Tabacalera
México, D.F., 06030
Teléfonos: 55 35 52 70 – 55 35 44 22

Asociación Mexicana contra la Violencia a las Mujeres, A.C.
   (COVAC), asesoría legal, especialmente en asuntos
   relacionados con la violencia hacia la mujer,
   atención psicológica y cursos diversos
Mitla 145, Col. Narvarte

México, D.F., 03020
Teléfonos: 55 19 31 45 – 55 38 98 01

Centro de Terapia de Apoyo a Víctimas de Delitos Sexuales
    (CTA)
Pestalozzi 1115, Col. Del Valle
México, D.F., 03100
Teléfonos: 52 00 96 32 – 52 00 96 33

EN LOS ESTADOS DE LA REPÚBLICA MEXICANA

Cabe señalar que en los estados de la República Mexicana
    donde exista el servicio telefónico LOCATEL,
    éste puede asesorar acerca de los centros
    de atención más cercanos a la localidad.

Baja California:
Coordinación de Programas e Investigación Grupo Feminista
    Alaide Foppa, A.C.
Río Santa María 3651, Frac. Bugambilias
Mexicali, B.C.
Teléfonos: 61 13 92 – 61 79 62

Chiapas:
Grupo de Mujeres de San Cristóbal de las Casas
Calle Rivera esq. Surinam, Barrio de Tlaxcala
San Cristóbal de las Casas, Chiapas, 29210
Teléfonos: 8 43 04 – 8 65 28 – 8 56 70

Chihuahua:
Casa Amiga – Centro de Crisis
Perú Norte 878

Ciudad Juárez, Chihuahua
Teléfono: 6 15 38 50

Centro de Atención a la Mujer Trabajadora
Av. Águilas y G. Washington, Col. Colinas del Sur
Chihuahua, Chihuahua
Teléfono: 21 38 08

Estado de México:
Centro de Atención a la Violencia Intrafamiliar y Sexual:
San Pedro Chimalhuacán: 58 52 40 21
Ecatepec de Morelos: 58 82 45 55
Tlanepantla: 55 65 36 07
Toluca: 15 03 88 – 14 83 44
Naucalpan: 55 60 54 41 – 55 76 36 12
San Juan Izhuatepec: 57 14 58 98
Nezahualcóyotl: 57 42 54 14
Texcoco: 4 72 25

Jalisco:
Fundación CENAVID, I.A.P.
Centro de Resolución de Conflictos. Institución
    de Asistencia Privada
Hidalgo 2375 int. 2a
Guadalajara, Jalisco, 44680
Teléfono: 6 15 38 82

Nuevo León:
Centro de Atención a Víctimas de Delitos. Unidad
    Desconcentrada de la Secretaría General de Gobierno
    (Cavide)
Jardín de San Jerónimo 111, Col. San Jerónimo
Monterrey, Nuevo León, 64640

Teléfono: 3 48 23 18
Línea de emergencia: 3 33 10 50

Veracruz:
Colectivo Feminista de Xalapa, A.C.
Av. Mártires 28 de Agosto núm. 430, Col. Ferrer Guardia
Xalapa, Veracruz, 91000
Teléfono: 14 31 08

GRUPO 24 HORAS DE JÓVENES A.A. EN MÉXICO:

1. JÓVENES AGUASCALIENTES A.A. 24 HORAS
Jalisco 100, Col. Centro
Aguascalientes, Aguascalientes, 20000

2. JÓVENES ALEGRÍA A.A. 24 HORAS
Calle Alegría 115
Aguascalientes, Aguascalientes, 20000
Teléfono: 18 05 84

3. JÓVENES ENSENADA A.A. 24 HORAS
Reyerson 924, entre la 9 y la 10
Ensenada, Baja California
Teléfono: 8 82 10

4. JÓVENES TECOMÁN A.A. 24 HORAS
Abasolo 383, zona centro
Tecomán, Colima
Teléfono: 40 420

5. JÓVENES TUXTLA GUTIÉRREZ A.A. 24 HORAS
1ra. de Oriente Norte 942
Tuxtla Gutiérrez, Chiapas, 29000

6. JÓVENES CHIHUAHUA A.A. 24 HORAS
Calle 22 núm. 4202, Col. Bella Vista
Chihuahua, Chihuahua

7. JÓVENES PARQUE A.A. 24 HORAS
Paseo de los Virreyes s/n, esq. con Veracruzdines, Col. Parque
    Residencial Coacalco
Estado de México, 55700

8. JÓVENES TULANTONGO A.A. 24 HORAS
Reforma 26, Tulantongo
Texcoco, Estado de México, 56200
Teléfono: 4 80 65

9. GRANJAS JÓVENES A.A.
Reforma 26, Tulantongo
Estado de México

10. JÓVENES INDEPENDENCIA A.A. 24 HORAS
Calle La Tolva s/n, esq. Av. de los Maestros, Col. Capulín
    Soledad la Tolva
Naucalpan de Juárez, Estado de México, 53830

11. JÓVENES LEÓN A.A. 24 HORAS
Yurécuaro 513, Col. Michoacán
León, Guanajuato, 87240
Teléfono: 16 86 75

12. JÓVENES ZIHUA A.A. 24 HORAS
Av. Principal s/n, Col. Agua de Correa
Zihuatanejo, Guerrero

13. JÓVENES JALISCO A.A. 24 HORAS
Calle Angulo 254, letra Z, Sector Hidalgo
Guadalajara, Jalisco, 44100
Teléfono: 6 13 48 29

14. JÓVENES OCCIDENTE A.A. 24 HORAS
Tenochtitlan 50, Ciudad del Sol
Zapopan, Jalisco
Teléfono: 6 31 82 73

15. JÓVENES UNIÓN A.A. 24 HORAS
Isla Tasmania 2045, Frac. Jardines del Sur
Guadalajara, Jalisco
Teléfono: 6 45 39 77

16. JÓVENES AMANECER SAYULA A.A. 24 HORAS
Juárez 173
Sayula, Jalisco
Teléfono: 22 08 71

17. JÓVENES GUADALAJARA A.A. 24 HORAS
Calle Morelos 882, Sector Hidalgo
Guadalajara, Jalisco, 44100
Teléfonos: 6 25 05 42 – 6 35 49 00

18. JÓVENES AUTLÁN A.A. 24 HORAS
Escobedo 108
Autlán de Navarro, Jalisco, 48900

19. JÓVENES PROGRESO A.A. 24 HORAS
Circunvalación Oblatos 1388, Col. Postes Cuates,
    Sector Libertad
Guadalajara, Jalisco, 44700
Teléfono: 6 51 62 83

20. JÓVENES PARAÍSO A.A. 24 HORAS
Av. de la Pintura 245, Col. Miravalle
Guadalajara, Jalisco, 44970

21. JÓVENES A.A. 24 HORAS (oficina central)
Protasio Tagle 107, Col. San Miguel Chapultepec
México, D.F., 11850
Teléfonos: 55 15 10 96 – 52 77 78 06

22. JÓVENES ARAGÓN A.A. 24 HORAS
Av. 469 núm. 80, 7a. Sección, Col. Unidad San Juan de Aragón
México, D.F., 07920
Teléfono: 57 99 40 55

23. JÓVENES AZCAPOTZALCO A.A. 24 HORAS
Calle Campo Sabana 3, Col. Ampliación Petrolera
México, D.F., 02480
Teléfono: 53 52 43 49

24. JÓVENES FUENTE DE VIDA A.A. 24 HORAS
Quetzal 28, Col. El Rosedal
Coyoacán, México, D.F., 04330
Teléfono: 56 89 95 46

25. JÓVENES SAN MATEO A.A. 24 HORAS
Porfirio Díaz 16, Col. San Mateo Tlaltenango
Cuajimalpa, México, D.F., 05600
Teléfono: 8 13 55 3

26. JÓVENES MIXCOAC A.A. 24 HORAS
Rosa Blanca 48, Col. Alfonso XIII
México, D.F., 01460
Teléfono: 56 11 80 98

27. JÓVENES DEL VALLE A.A. 24 HORAS
Alpes 14, Col. Alpes
México, D.F., 01010
Teléfono: 56 80 48 87

28. JÓVENES CUAJIMALPA A.A. 24 HORAS
Av. México 107, Col. Cuajimalpa
México, D.F., 05000
Teléfono: 58 13 76 63

29. JÓVENES VALLEJO A.A. 24 HORAS
Calle López Mateos, Manzana 75, Lote 1,
	esq. M. Altamirano, Col. Zona Escolar
México, D.F., 07870

30. GRUPO 24 HORAS JÓVENES "FUENTE DE VIDA"
Mirlo 52, Col. El Rosedal
Coyoacán, México, D.F.

31. JÓVENES ZACAPU A.A. 24 HORAS
Madero Sur núm. 470
Zacapu, Michoacán, 58600
Teléfono: 3 07 40

32. JÓVENES BALSAS A.A. 24 HORAS
Piñones 11, Col. Ejército Mexicano
Lázaro Cárdenas, Michoacán

33. JÓVENES MORELIA A.A. 24 HORAS
Revolución 484
Morelia, Michoacán
Teléfono: 2 47 28

34. JÓVENES ZAMORA A.A. 24 HORAS
Héroes de Nacozari 338, Col. El Duero
Zamora, Michoacán

35. JÓVENES LÁZARO CÁRDENAS A.A. 24 HORAS
Venustiano Carranza 36, Zona Centro
Lázaro Cárdenas, Michoacán

36. JÓVENES PARQUE A.A. 24 HORAS
Aile 35, Frac. Villas del Descanso
Jiutepec, Morelos, 62550
Teléfono: 28 76 91

37. JÓVENES MAZATLÁN A.A. 24 HORAS
Calle Parada 2018, esquina Los Gutiérrez Nájera
Mazatlán, Sinaloa, 82000

38. JÓVENES VALLE HERMOSO A.A. 24 HORAS
Priv. Galeana, entre Tamaulipas e Hidalgo, int. Mercado Juárez,
    frente a la Plaza Municipal
Valle Hermoso, Tamaulipas, 87500

39. JÓVENES MÉRIDA A.A. 24 HORAS
Calle núm. 66 78-DX41
Mérida, Yucatán, 97000

El amor no tiene por qué doler, del Dr. Ernesto Lammoglia
se terminó de imprimir en marzo de 2003 en
Litográfica Ingramex, S.A. de C.V.
Centeno 162-1, Col. Granjas Esmeralda.
Del. Iztapalapa 09810 México, D. F.